박경호헬라어번역성경

ROMANS
로마서

복음의 교리

"전무후무한 성경"

"헬라어 원어를 번역하여
KJV 및 개역개정의 오번역을 완벽하게 정정한 성경"

세계 최초 1:1 대응 번역

헬라어신약 스테판판(1550년)
한글 번역 및 1:1 대응 수정(박경호, 2022년)

부록 : 박경호헬라어스트롱사전(1:1 한글 대응)

히브라어 헬라어 번역 출판사

역자 **박경호**

- 서울대학교 졸업
- 서울대학교 대학원 졸업
- 대한예수교 장로회 합동해외총회 목사임직
- 현) 히브리어 & 헬라어 번역원 원장
- 현) 사복음교회 담임목사

역서 譯書

- 박경호헬라어번역성경 : 마태복음
- 박경호헬라어번역성경 : 누가복음
- 박경호헬라어번역성경 : 마가복음
- 박경호헬라어번역성경 : 요한복음
- 박경호헬라어번역성경 : 요한계시록
- 박경호헬라어번역성경 : New 마태복음
- 박경호헬라어번역성경 : New 누가복음
- 박경호헬라어번역성경 : New 마가복음
- 박경호헬라어번역성경 : New 요한복음
- 박경호헬라어번역성경 : New 요한계시록

유관 기관 수상경력

AWARDS AND HONORS

로마서

복음의 교리

JESUS

In the name of Jesus Christ Lord Amen

머리말

성경번역의, 제 1원리는 축자영감설입니다.

성령님의 감동으로,
단어선정, 인칭, 단복수, 시제 등
모든 것이 완벽한 진리라는 것입니다.

문제는,
성경 원본과 사본이 완전한 하나님의 말씀이라해도,
번역을 통해,
축자영감설은 여지없이 무너집니다.

KJV의 경우,
70명이 동원되어 번역되고,
개역개정의 경우,
30명 ~ 50명의 인원이 번역에 참여한 결과,
번역자 각자가,
자신들이 정의한 뜻으로 의역이 일어남으로,
66권의 One-Story인 성경이,
한 헬라어가 여러 개의 한글이나 영어로 표현되며,
여러 개의 헬라어가 한 개의 한글이나 영어로 표현된 것은 물론,
성령님이 의도한 뜻과는 매우 거리가 먼,
단지 우리가 이해하기 쉬운 번역물로 전락된 것입니다.

이를 해결하기 위해,

박경호헬라어번역성경 마태복음, 누가복음, 마가복음, 요한복음,

요한계시록, New마태복음, New누가복음, New마가복음, New요한복음,

New요한계시록을 통하여, 완벽하게 증명하였듯이,

오직 1:1 대응의 직역방식으로,

헬라어 한 단어를 오직 한글 한 단어로 선정하여,

그 한 단어의 의미를 마태복음부터 요한계시록까지

고정적으로 적용하며 번역할 때,

훨씬 더 정확한 성경의 의미를 얻게 되었다는 것입니다.

그러나 이것이 실제로는 불가능한데,

모든 스트롱코드에 절대 중복되지 않는 한글 한 단어를 선정하려면,

헬라어 원어를 정확히 이해하고,

한 단어가 모든 문장을 의미손상없이 관통하는,

한글 한 단어의 재선정에,

오랜 작업시간이 필요하기 때문입니다.

감히 제가 성경 타이틀에, 제 이름을 붙인 것은

성경 66권을, 박경호 1인이,

오직 히브리어 한 단어를 한글 한 단어로,

헬라어 한 단어를 한글 한 단어로 매칭하는

오랜 작업을 이루었기 때문입니다.

이렇게 탄생된,
박경호헬라어번역성경 로마서는,
기존 로마서와 판이하게 다를 뿐만 아니라,
'이신칭의'를 이끌어 낸,
정의의 오류를 정정시키는 놀라운 쾌거를 만들어 냅니다.

결국, 바른 번역으로,
이신칭의의 오해로 구원을 착각시킨 시대적인 과오가 수정되는 것입니다.

기존 로마서 16장을, 12장으로 내용구분하였고,
각장에 제목을 붙이는 방식은
기존 박경호헬라어번역성경과 동일하지만,
바울 자신이 피력하고 싶은 내용을,
자신만의 합성어방식으로 탄생시킨 새로운 단어들을,
그대로 한글로 직역하여,
기존 로마서와는 전혀 다른 새로운 책이 탄생되었습니다.

하나님이 직접 만드시고,
우리에게 이해시키기를 원하는 Bible of Bible!

거듭남과 구원과 영생이라는,
사복음서의 길고 긴 영적 여정이 한 권으로 요약된,
[복음의 교리]로 당신을 초대합니다.

!!! 로마서 !!!

이보다 더 위대한 교리는,
이 세상에 존재하지 않습니다.

영적인 흥분에 사로잡혀 당신이 읽어가실 것을,
저는 확신합니다.

1:1 한글 대응으로,
헬라어 한 단어에 신약성경 전체를 관통하는
한글 한 단어를 선정하였기에,
[전무후무한 성경]이란 부제목을 달았습니다.

KJV 및 개역개정의 수 만개의 오번역이 수정된 이 책은,
분명 예수님의 작품입니다!

2022년 04월 20일

[사복음교회 담임목사]
[히브리어&헬라어 번역원 원장] 박경호

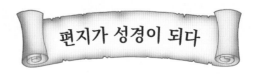

편지가 성경이 되다

성령의 감동으로 쓰여진, 복음을 향한 불타는 열정이 깃든
사도바울의 편지가, 성경이 되어
'박경호헬라어번역성경 로마서'라는
이름으로 당신에게 다가갑니다.

1 헬라어신약 스테판(1550) 원어 성경에 입각하여, 장절 구성을 기존
개역개정과는 달리 구성하였습니다.

▶ 12장으로 구성하여, 각 장마다 소제목을 붙임으로 처음 성경을
읽으시는 분들도 이해하기 쉽도록 원어성경이 말하고자 하는 핵
심주제를 소제목으로 정하였습니다.

2 헬라어가 가진 독특한 단어구성을 유지하기 위해, 헬라어 원어 한
단어가 두 단어 이상의 한글로 번역될 경우, 한글맞춤법보다는 원어의
특성을 살려 한 단어가 되도록 붙여쓰기를 하였습니다.

▶ 예시) '모두권면하다.', '함께십자가에못박히다.' 등 이외에도 다수

3 원어의 어원과 어근을 수집, 연구하여 원어가 가진 본래의 의미를 잘 살려서 번역함으로, 기존 한글에는 없는 독특하면서도 생생한 한글 단어가 탄생하였습니다.

 ▶ 예시) 못통찰하다 : 통찰에 대한 부정의 의미가 헬라어단어에 그대로 표현되어 있어 탄생한 한글단어입니다.

 ▶ 통상적으로 쓰인 '문안인사하다.'라는 단어는 '평안인사하다.'로 번역

4 문장에서의 자연스러운 의미를 고려한 의역이 아닌, 문장 자체에서 부자연스럽지만 원어의 뜻을 있는 그대로 직역하였습니다.

 ▶ 예시) 통상 '조상'이라고 번역되는 단어는 원어의 뜻 그대로 '아버지'로 직역. 이 외에도 다수

5 단수, 복수에 대한 번역을 그대로 하여 기존에 통상적으로 알고 있었던 단어에 대한 개념을, 각종 교리나 교파를 초월하여 영적인 재고찰을 해야 하는 부분이 상당합니다.

 ▶ '죄'는 단수와 복수로 쓰여져 '죄'와 '죄들'로 번역되는 부분이 있으며 로마서에 주로 등장하는 단수 '죄'에 대한 영적인 고찰 이 필요합니다.

목차

ROMANS

세계 최초 1:1 대응 번역

로마서

1장

1절~9절 [개역개정, KJV 1:1~1:15]

복음전파에의 열망

1장

로마서

🖐 개역개정, KJV

1
🖐
1:1~2

사도로 초청된, 예수 그리스도의 종 바울은, 자기 아들에 대하여 자기 선지자들을 통해 거룩한 성경들에 미리약속하신, 하나님의 복음을 위해 갈라내겼습니다.

2
🖐
1:3~4

그분은 육체를 따라 다윗의 자손에서 나신 분이며, 거룩의 영을 따라 죽은 자들에서의 부활로 능력있는 하나님의 아들로 정해지신 분인데, 우리의 주님 예수 그리스도십니다.

3
🖐
1:5~6

그분을 통해, 우리가 은혜와 또한 그분의 이름을 위하여 모든 이방인들 중에 믿음의 순종에 이르게하는 사도직을 받았는데, 그들 중에는 예수 그리스도께 초청된 여러분도 있습니다.

4
🖐
1:7

거룩한 자들로 초청된, 하나님께 사랑받는, 로마에 있는 모든 자들에게 편지합니다. 우리의 아버지 하나님과 주님 예수 그리스도로부터 은혜와 평안이 여러분에게 있기를 기원합니다.

5
☞
1:8

정말로, 첫번째로, 나는 모든 여러분을 인하여 예수 그리스도를 통해 나의 하나님께 감사드리는데, 여러분의 믿음이 온 세상에 전해지는 것입니다.

6
☞
1:9~10

그분의 아들의 복음 안에서 내가 나의 영으로 충성하는, 하나님이 나의 증인이신데, 쉬지않고 여러분을 기억하며, 항상 내 기도에 이미 어떻게든지 언제라도 하나님의 뜻안에서 여러분에게 가는 것이 형통해지기를 간청한 것이기 때문입니다.

7
☞
1:11~12

내가 여러분 알기를 심히원하는 것은, 여러분에게 영적인 어떤 은사를 나눠주어 여러분을 굳게하기 위함이며, 이것은 여러분과 나 사이에 서로간에 믿음을 통하여 여러분 중에 모두 권면되기 위함이기 때문입니다.

8
☞
1:13

형제들이여! 내가 나머지 이방인들 중에서와 같이 여러분 중에서도 어떤 열매를 갖기 위하여, 내가 여러분에게 가기를 자주 예정하였으나, 이제까지 금해진 것을 여러분이 못통찰하기를 원치 않습니다.

9
☞
1:14~15

헬라인들에게도 야만인들에게도, 지혜로운 자들에게도 통찰력없는 자들에게도, 나는 빚진자입니다. 따라서, 나는 로마에 있는 여러분에게도 복음전하기를 소원하는 것입니다.

ROMANS

로마서

장

10절~21절 [개역개정, KJV 1:16~1:32]

비기독교인의 죄

2장

로마서

👆 개역개정, KJV

10
👆
1:16

왜냐하면 내가 그리스도의 복음을 부끄러워하지 않는데, 복음은 믿는 모든 자 곧 첫번째로 유대인에게 또한 헬라인에게 구원에 이르게하는 하나님의 능력이기 때문입니다.

11
👆
1:17

'의인은 믿음으로 살 것이다.'라고 기록된 것처럼, 복음 안에 하나님의 의가 믿음에서 믿음으로 나타나지기 때문입니다.

12
👆
1:18

불의로 진리를 차지하는 사람들의 모든 경건치않음과 불의에 대하여, 하나님의 진노가 하늘로부터 나타나기 때문입니다.

13
👆
1:19

하나님을 아는 것이 그들 안에서 공개된 것 때문인데, 하나님께서 그들에게 공개하셨기 때문입니다.

14
👆
1:20

그분의 보이지않는 것들이 세상의 피조물로부터 만드신 것들에 통찰되어 확실히보여지는데, 곧 그들이 핑계치못함에 이르는, 그분의 알수없는 능력과 신성입니다.

15
☞
1:21~23

그들이 하나님을 알지만, 하나님께 영광돌리지도 감사치도 않는 것 때문에, 다만 그들의 의논들에서 허무해졌으며 그들의 못깨닫는 마음이 어두워졌으며, 지혜롭다고 피력하지만 맛잃었으며, 썩지않는 하나님의 영광을 썩는 사람과 새들과 네발짐승들과 벌레들의 형상의 비슷한모양으로 바꾸었습니다.

16
☞
1:24

때문에, 하나님께서 그들의 마음의 욕심에 있는 그들을 더러움으로, 서로 그들의 몸을 천대하는 것으로 넘겨주셨습니다.

17
☞
1:25

그들은 하나님의 진리를 거짓으로 함께바꾸었으며, 창조하신 분보다 피조물에게 숭배하였고 충성하였는데, 그분은 영원히 축복되신 분이십니다. 진실로!

18
☞
1:26

이러므로 하나님께서는 그들을 천한 욕정으로 넘겨주셨습니다. 곧 여성들이 본성적인 사용을 본성 외의 것으로 함께바꾸었습니다.

19
☞
1:27

비슷하게, 곧 남성들도 여성의 본성적인 사용을 버려두고, 서로에게 자기들의 음욕으로 타올라졌으며, 남성들이 남성들에서 남부끄러움을 실행하며, 그들의 미혹에 해당하는 보응을 서로 받아가진 것입니다.

20
☞
1:28~31

그들이 앎에 하나님을 가지기를 분변하지 않은 것과 같이, 하나님께서도 그들이 타당하지 못한 일들을 행하도록 버려진 지각으로 넘겨주셨는데, 모든 불의, 음행, 악함, 탐욕, 악이 성취된 자들이며, 시기, 살인, 분쟁, 계략, 악독이 가득한 자들이며, 수군거리는 자들이며, 비방하는 자들이며, 하나님미워하는 자들이며, 모욕하는 자들이며, 교만한 자들이며, 자랑하는 자들이며, 나쁜 것들을 도모하는 자들이며, 부모께 순종하지않는 자들이며, 못깨닫는 자들이며, 약속어기는 자들이며, 무정한 자들이며, 원통함을풀지않는 자들이며, 무자비한 자들입니다.

21

1:32

그들은 이런 것들을 하는 자들이 죽음에 마땅하다는 하나님의 의롭게여기심을 알고도, 자기들만 행하는 것뿐만 아니라, 하는 자들을 옳게여깁니다.

장

22절~38절 [개역개정, KJV 2:1~2:29]

기독교인의 죄

3장

로마서

개역개정, KJV

22

2:1~2

때문에, 오오! 사람아! 심판하는 모든 자야! 당신이 핑계치못하는데 또다른 자를 심판하는 자로서, 당신이 당신자신을 정죄하는데 심판하는 당신이 그것들을 하기 때문입니다. 이만한 것들을 하는 자들에게 진리를 따라 하나님의 판결이 있다는 것을 우리는 압니다.

23

2:3~4

이만한 것들을 하는 자들을 심판하며 그것들을 행하는 오오! 사람아! 당신이 하나님의 판결을 피할 것으로 여깁니까? 또한 하나님의 인자함이 당신을 회개로 끌고가는 것을 못통찰하여, 그분의 인자하심과 용납하심과 참으심의 부유함을 경히여기는 것입니까?

24

2:5

그러나 당신의 고집과 회개치않는 마음을 따라, 당신은 진노의 날 곧 하나님의 의의심판의 나타남의 날에 당신자신에게 진노를 쌓아두는 것입니다.

25
👆
2:6~7

하나님이 그의 행위들을 따라 각각에게 갚으실 것인데, 정말로 선한 행위의 인내로 영광과 존경과 썩지않음을 찾는 자들에게는 영원한 생명입니다.

26
👆
2:8~9

그러나 정말로 당지음으로 진리에 불순종하며 불의에 확신되어지는 자들에게는, 분노와 진노와 환난과 압박감이, 나쁜 것을 실행하는 모든 사람의 영혼에게, 곧 첫번째로 유대인에게 또한 헬라인에게 있습니다.

27
👆
2:10

영광과 존경과 평안이, 선한 것을 일하는 모두에게, 곧 첫번째로 유대인에게 또한 헬라인에게 있습니다.

28
👆
2:11~12

하나님에게는 외모로취하심이 없기 때문입니다. 율법없이 범죄한 자마다 율법없이 멸망할 것이기 때문입니다. 율법 안에서 범죄한 자마다 율법을 통해 심판받을 것입니다.

29
👆
2:13

율법을 듣는 자들이 하나님에게서 의인이 아니며, 다만 율법을 행하는 자들이 의롭게여겨질 것이기 때문입니다.

30
👆
2:14

율법을 갖고있지 않는 이방인들이 본성으로 율법의 일을 행하는 땐, 이들은 율법을 갖고있지 않아도 자신들에게 율법이 있는 것입니다.

31
👆
2:15~16

누구든지 자기들의 양심이 함께증거하며, 남들 사이에서 통념들이 고소하거나 설파하는데, 하나님께서 예수 그리스도를

전무후무한 성경 ● 3장

23

통해 나의 복음을 따라 사람들의 은밀한 것들을 심판하시는 날에, 그들 마음에 기록된 율법의 행위를 나타내보여줍니다.

32
2:17~21上

오호! 유대인이라 이름붙이는 당신은, 율법에 머물러쉬며, 하나님 안에서 자랑하며, 뜻을 알며, 율법에서 교육받아 귀한 것들을 분변하며, 곧 율법에 지식과 진리의 형태를 갖고, 곧 자신을 눈먼 자들의 인도자이며 어두움에 있는 자들의 빛이며 지혜없는 자들의 징계자이며 어린 아이들의 선생이라고 확신하고, 그런즉 또다른 자를 가르치는 자여! 당신자신은 가르치지 않습니까?

33
2:21下~23

도둑질하지 말라고 전파하는 자여! 당신이 도둑질합니까? 간음하지 말라고 말하는 자여! 당신이 간음합니까? 우상들을 가증히여기는 자여! 당신이 성물도둑질합니까? 율법 안에 자랑하는 자가 율법의 범법함을 통해 하나님을 천대합니까?

34
2:24~25

기록된 것처럼, 여러분 때문에, 하나님의 이름이 이방인들 중에 모독되기 때문입니다. 만약 당신이 율법을 한다면, 할례는 정말로 유익하기 때문입니다. 그러나 만약 당신이 율법의 범함이 있다면, 당신의 할례가 무할례가 됩니다.

35
2:26

그런즉 만약 무할례자가 율법의 의롭게여기심을 지켜낸다면, 그의 무할례가 할례로 여겨지지 않겠습니까?

36

2:27

율법을 온전히지키는 본성에서의 무할례자가, 글자와 할례를 통하고도 율법의 범하는 자인 당신을 심판하지 않겠습니까?

37

2:28

공개적으로 있는 자가 유대인이 아니며, 육체에 공개적으로 있는 자가 할례자가 아니기 때문입니다.

38

2:29

다만 은밀하게 있는 자가 유대인이며, 마음의 할례는 글자가 아닌 영에 있으며, 그의 칭찬은 사람들에게서가 아니라 다만 하나님에게서 있습니다.

ROMANS

로마서

장

39절~48절 [개역개정, KJV 3:1~3:19]

불의해도 의롭게 여겨진다는
사상은 심판받습니다

4장

로마서

개역개정, KJV

39
3:1~2

그런즉, 유대인의 더많은 것이 무엇입니까? 또는 할례의 유익이 무엇입니까? 모든 모양을 따라 많습니다. 첫번째는, 정말로 하나님의 말씀들이 믿어진 것이기 때문입니다.

40
3:3

왜냐하면 어떤 자들이 안믿는다면, 어떡하겠습니까? 그들의 믿음없음이 하나님의 믿음을 파기하겠습니까?

41
3:4

그렇지 않습니다! '그러므로 당신은 당신의 말씀들에서 의롭게여겨질 것이며, 당신에게 심판받는데 이기실 것입니다.'라고 기록된 것처럼, 모든 사람은 거짓말쟁이지만, 하나님은 참되게 이루십시오!

42
3:5

그러나 우리의 불의가 하나님의 의와 함께선다면, 무엇을 말하겠습니까? 내가 사람식으로 말하는데, 진노를 가져다주시는 하나님이 불의하십니까?

43

👆

3:6~7

그렇지 않습니다! 그러하다면, 하나님께서 세상을 어떻게 심판하시겠습니까? 왜냐하면 나의 거짓말로 하나님의 진리가 남아넘쳐 그분의 영광에 이르렀다면, 왜 나도 여전히 죄인으로서 심판받습니까?

44

👆

3:8

우리가 그같이 모독되는데, '우리가 선한 것들이 오기 위해 나쁜 것들을 행하자'라고 우리가 말한다고 어떤 자들이 그같이 들려주지 않습니까? 그들의 판결은 형벌받습니다.

45

👆

3:9

그런즉 어떡합니까? 우리가 앞섭니까? 분명히 아닙니다. 곧 유대인들도 헬라인들도 모두가 죄 아래 있음을 우리가 죄목 선언하였기 때문입니다.

46

👆

3:10~12

기록된 것처럼, '의인은 없으며, 한명도 없다. 깨닫는 자도 없으며, 하나님을 찾아내는 자도 없다. 모두들 등돌렸으며 한가지로 마땅치않아졌다. 인자함을 행하는 자가 없으며, 한 명까지도 없다.

47

👆

3:13~18

그들의 목구멍은 열린 묘이며, 그들의 혀로는 사기치며, 살모사들의 독성이 그들의 입술 아래에 있으며, 그들의 입은 지껄임과 폭언이 가득하며, 그들의 발은 피를 쏟는데 날카로우며, 파멸과 비참함이 그들의 길에 있으며, 평안의 길을 그들이 알지 못하였다. 그들의 눈 맞은편 하나님의 두려움이 없다.'

48
3:19

우리는 율법이 말하는 것들이 율법 안에 있는 자들에게 얘기한다는 것을 아는데, 모든 입이 입막혀지고 하나님에게서 모든 세상이 죄벌아래 있기 위함입니다.

로마서

5장

49절~71절 [개역개정, KJV 3:20~4:25]

믿음으로 의롭게 여겨질 수 있습니다

5장
로마서

👆 개역개정, KJV

49
👆
3:20

율법의 행위들로는 그분 앞에 모든 육체가 의롭게여겨지지 못할 것 때문인데, 율법을 통해서는 죄의 앎이기 때문입니다.

50
👆
3:21~22

이제는 율법없이 하나님의 의가 공개되었는데, 율법과 선지자들에게서 증거된 것입니다. 모든 자들로 곧 믿는 모든 자들에게, 예수 그리스도의 믿음을 통한 하나님의 의입니다. 차별이 없기 때문입니다.

51
👆
3:23~24

모든 자들이 범죄하였으며, 하나님의 영광에 부족되었기에, 그리스도 예수 안에 있는 구속을 통하여, 그분의 은혜로 값없이 의롭게여겨졌기 때문입니다.

52
👆
3:25

하나님이 그분의 피 안에서 믿음을 통한 화목제물로 그분을 예정하셨으며, 전에이루어진 범죄들의 간과를 통하여, 자신의 의를 나타내보여주셨습니다.

53
👆
3:26

하나님의 용납하심으로, 현재에 자신의 의를 나타내보여주셔서, 자기도 의로우시며 예수님을 믿는 자를 의롭게여기신 것입니다.

54
👆
3:27

그런즉, 자랑이 어디있습니까? 있을수없습니다. 무슨 법을 통해서입니까? 행위들입니까? 아닙니다. 다만 믿음의 법을 통해서입니다.

55
👆
3:28~30

그런즉, 우리는 율법의 행위들 없이, 믿음으로 사람이 의롭게 여겨진다고 여깁니다. 유대인들에게만 하나님이십니까? 이방인들의 하나님은 아닙니까? 그렇습니다. 이방인들의 하나님도 되십니다. 하나님은 한 분이시기에, 할례자도 믿음으로 무할례자도 믿음을 통하여 의롭게여기실 것입니다.

56
👆
3:31

그런즉 믿음을 통하여 율법을 파기합니까? 그렇지 않습니다! 다만 율법을 세웁니다.

57
👆
4:1~2

그런즉 우리는 우리 아버지 아브라함이 육체를 따라 무엇을 발견하였다고 말하겠습니까? 아브라함이 행위들로 의롭게여겨졌다면, 자랑거리를 가지지만, 다만 하나님 앞에는 가지지 않기 때문입니다.

58
👆
4:3~4

왜냐하면 성경이 무엇을 말합니까? "아브라함이 하나님을 믿었으며, 이것이 그에게 의로 여겨졌다." 일하는 자에게, 보상이 은혜로 여겨지지 않으며, 다만 빚으로 여겨집니다.

59
4:5

일하지 않지만, 경건치않은 자를 의롭게여기시는 분을 믿는 자에게는, 그의 믿음이 의로 여겨집니다.

60
4:6~8

그처럼, 하나님께서 행위들 없이 의로 여기시는, 사람의 복을 다윗도 말합니다. "불법들이 사해진 자들과 죄들이 다덮힌 자들은 복있다. 주님이 죄로 결코 여기지 않는 남자는 복있다."

61
4:9

그런즉 이 복이 할례자에 대한 것입니까? 아니면 무할례자에게 대한 것도 됩니까? 아브라함에게 믿음이 의로 여겨졌다고, 우리가 말하기 때문입니다.

62
4:10~11

그런즉 어떻게 여겨졌습니까? 할례 시 입니까? 아니면 무할례 시 입니까? 할례 시가 아니라 다만 무할례 시 입니다. 그는 무할례 시에 할례의 표적 곧 믿음의 의의 인을 받았으며, 그는 무할례를 통해 믿는 모든 자들의 아버지가 되었으며, 그들에게도 의로 여겨진 것입니다.

63
4:12

그는 할례에 속하지 않은 자들에게 할례의 아버지일 뿐만 아니라, 우리 아버지 아브라함의 믿음의 무할례 시에 있는 자취들을 좇는 자들에게도 할례의 아버지입니다.

64
4:13

아브라함이나 그의 자손에게, 그가 세상의 상속자가 된다고 약속하신 것은 율법을 통한 것이 아니요, 다만 믿음의 의를 통한 것이기 때문입니다.

65
👆
4:14~15

율법에 속한 자들이 상속자들이라면, 믿음은 헛되게되며, 약속하신 것은 파기되기 때문입니다. 왜냐하면 율법은 진노를 실행하는데, 율법이 없는 곳에는 범법함도 없기 때문입니다.

66
👆
4:16~17

이러므로 '내가 너를 많은 이방인들의 아버지로 두었다.'라고 기록된 것처럼, 믿음으로, 은혜를 따라, 모든 자손 곧 율법에 속한 자 뿐만 아니라, 우리 모든 자들의 아버지인 아브라함의 믿음에 속한 자에게도, 약속하신 것을 확증하는데, 죽은 자들을 살리시며 없는 자들을 있는 것으로 부르시는 하나님을, 그가 그분 앞에서 믿었습니다.

67
👆
4:18

그는 소망 위에 소망을 믿어, '네 자손이 이같을 것이다.'라고 권고되신 대로, 그는 많은 이방인들의 아버지가 된 것입니다.

68
👆
4:19~21

그는 믿음이 병들지 않았으며, 자신의 몸이 이미 죽게된 것과 100세 어디쯤 보유한 것과 사라 모태의 죽게됨을 생각지 아니하였으며, 하나님의 약속하신 것이 믿음없음으로 판가름되지 않았으며, 다만 하나님께 영광을 드리며 그분이 약속하신 것을 할 수 있으시고 또한 행하시는 것이 확실히이루어지도록, 믿음에 계속능력있어졌습니다.

69
👆 4:22

때문에, 이것이 그에게 의로 여겨졌습니다.

70
👆
4:23~24

그에게 여겨진 것은, 오직 그 때문에 기록된 것이 아니고, 다만 여겨지게 될 우리 곧 우리의 주님 예수님을 죽은 자들에서 일으키시는 분을 믿는 자들 때문입니다.

71
👆
4:25

그분은 우리의 과실들 때문에 넘겨지셨으며, 우리의 의롭다 하심 때문에 일으켜지셨습니다.

로마서

장

72절~85절 [개역개정, KJV 5:1~5:19]

그리스도의 죽으심으로 의롭게 여겨집니다

6장

로마서

개역개정, KJV

72

5:1~2

그런즉 우리가 믿음으로 의롭게여겨졌으니, 우리의 주님 예수 그리스도를 통하여 하나님과의 평안을 가지며, 그분을 통해, 우리가 서있는 이 은혜로 나아감을 믿음으로 가졌으며, 하나님의 영광의 소망을 자랑합니다.

73

5:3~4

뿐만 아니라, 환난은 인내를, 인내는 분별력을, 분별력은 소망을 실행시키는 것을 알기에, 우리는 환난 중에도 자랑합니다.

74

5:5

우리에게 주어진 거룩한 영을 통하여 하나님의 사랑이 우리 마음에 쏟아지기에, 소망이 창피하지 않습니다.

75

5:6~7

우리가 아직 연약한데, 때맞춰 그리스도께서 경건치않은 자들을 위하여 죽으셨기 때문입니다. 어떤 자가 의인을 위하여 간신히 죽을 것이기 때문입니다. 어떤 자가 선한 자를 위하여 죽는데 혹여 담대하기 때문입니다.

76
👆
5:8~9

하나님께서 우리를 향하여 자신의 사랑을 함께세우시는데, 아직 우리가 죄인인데, 우리를 위하여 그리스도께서 죽으신 것입니다. 그런즉 지금 더욱 많이 우리는 그분의 피로 의롭게 여겨졌는데, 그분을 통해 진노로부터 구원받을 것입니다.

77
👆
5:10

우리가 원수이었는데, 그분의 아들의 죽으심을 통하여 하나님과 화목되었다면, 화목되었기에 더욱 많이 그분의 생명 안에서 구원받을 것이기 때문입니다.

78
👆
5:11

뿐만 아니라, 우리의 주님 예수 그리스도를 통하여 하나님 안에서 자랑하는데, 지금 그분을 통해 우리가 화목을 받았습니다.

79
👆
5:12

이러므로, 한 사람을 통해 죄가 세상에 들어왔고, 죄를 통하여 죽음이 들어온 것처럼, 모든 사람들이 범죄하였기에, 이같이 죽음이 모든 자들에게 거쳐갔습니다.

80
👆
5:13~14

율법까지, 죄가 세상에 있었기 때문입니다. 율법이 없으면, 죄가 죄로여겨지지 않습니다. 다만, 아담부터 모세까지 아담의 범법함의 비슷한모양으로 범죄하지 않는 자들에게도 죽음이 왕되었는데, 아담은 다가올 분의 자국입니다.

81
👆
5:15

다만 이같이 은사는 과실과 같지 않은데, 한 명의 과실로 많은 자들이 죽었다면, 더욱 많이 하나님의 은혜와 한 사람 예수 그리스도의 은혜에의 선물이 많은 자들에게 남아넘쳤기 때문입니다.

82
👆
5:16

이 내어줌은, 한 명을 통하여 범죄한 것같지 않은데, 정말로 판결은 한 명을 인해 정죄에 이르게하였지만, 은사는 많은 과실들에서 의롭게여기심에 이르게하기 때문입니다.

83
👆
5:17

한 명의 과실로 죽음이 그 한명을 통해 왕되었다면, 더욱 많이 의의 은혜와 선물의 남아넘침을 받는 자들은 한 분 예수 그리스도를 통하여 생명 안에서 왕될 것입니다.

84
👆
5:18

그렇다면, 한 명의 과실을 통하여 모든 사람들이 정죄에 이른 것같이, 이같이 한 분의 의롭게여기심을 통하여 모든 사람들이 생명의 의롭다하심에 이르렀습니다.

85
👆
5:19

한 사람의 복종치않음을 통하여 많은 자들이 죄인으로 맡겨진 것처럼, 한 분의 순종을 통하여 많은 자들이 의인으로 맡겨질 것이기 때문입니다.

7
장

86절~106절 [개역개정, KJV 5:20~6:23]

죄에게 죽음으로 의롭게 여겨집니다

7장

로마서

개역개정, KJV

86
5:20上

율법이 곁에들어온 것은 과실이 많게되기 위함입니다.

87
5:20下
~5:21

죄가 많게되는 곳에 은혜가 더욱남아넘쳤는데, 죄가 죽음 안에서 왕된 것처럼, 이같이 은혜도 의를 통하여 왕되어, 우리의 주님 예수 그리스도를 통하여 영원한 생명에 이르기 위함입니다.

88
6:1~2

그런즉 우리가 무엇을 말하겠습니까? 은혜가 많게되기 위해, 우리가 죄에 계속머물겠습니까? 그렇지 않습니다! 죄에게 죽은 우리가, 어떻게 여전히 그 안에서 살겠습니까?

89
6:3

그리스도 예수님으로 세례받은 우리가, 그분의 죽으심으로 세례받았다는 것을, 여러분은 못통찰하십니까?

90
6:4

그런즉 우리가 세례를 통하여 그분과 함께장례되어 죽음에 이른 것은, 그리스도께서 아버지의 영광을 통하여 죽은 자들에서 일으켜지신 것처럼, 이같이 우리도 생명의 새로움 안에서 걸어다니기 위함입니다.

91

6:5

우리가 그분의 죽으심의 비슷한모양에 함께난 자들이 되었다면, 다만 우리는 부활에도 함께난 자들일 것이기 때문입니다.

92

6:6

우리의 옛 사람이 함께십자가에못박혔다는 이것을 우리가 아는데, 죄의 몸이 파기되어져 더이상 우리가 죄에게 섬기지 않기 위함입니다.

93

6:7

죄로부터 죽은 자가 의롭게여겨졌기 때문입니다.

94

6:8~9

그리스도께서 죽은 자들에서 일으켜지셔서 더이상 죽지 않으시고, 죽음이 그분을 더이상 주장하지 못한다는 것을 우리가 아는데, 그리스도와 함께 우리가 죽었다면, 그분과 함께살 것도 믿습니다.

95

6:10

그분이 죽으신 것은, 단번에 죄에게 죽으신 것이기 때문입니다. 그분이 사시는 것은, 하나님에게 사시는 것입니다.

96

6:11

이같이 여러분도 정말로 자신을 죄에게는 죽어있다고, 또한 우리의 주님 그리스도 예수 안에서 하나님에게는 살아있다고 여기십시오!

97
🖐
6:12

그런즉 죄가 여러분의 죽을 몸에서 왕되어, 그의 욕심들 안에서 그것에게 순종하지 마십시오!

98
🖐
6:13

여러분의 신체들을 불의의 무기들로 죄에게 시중들지 마십시오! 다만 죽은 자들에서 살아난 자들같이, 여러분의 신체들을 하나님께 대한 의의 무기들로, 자신들을 하나님께 시중드십시오!

99
🖐
6:14

죄가 여러분을 주관하지 못할 것이기 때문입니다. 여러분이 율법 아래 있지 않고, 다만 은혜 아래 있기 때문입니다.

100
🖐
6:15

그런즉 어떡합니까? 우리가 율법 아래 있지 않고, 다만 은혜 아래 있으니, 범죄하겠습니까? 그렇지 않습니다!

101
🖐
6:16

여러분은 여러분이 순종하는 자의 종들이 되는데, 자신이 종들로 시중들어 순종에 이르는 자, 즉 죄의 종은 죽음에 순종의 종는 의에 이른다는 것을 여러분이 알지 못합니까?

102
🖐
6:17~18

하나님께 은혜가 있도다! 여러분이 죄의 종들이었으나, 여러분에게 넘겨진 가르침의 자국에 이르도록 마음으로 순종하여, 죄로부터 자유케되어 의에게 종되었습니다.

103
🖐
6:19

인간적으로, 내가 여러분의 육체의 연약함 때문에 말하는데, 왜냐하면, 여러분의 신체들이 더러움과 불법에 종된 자들로 시중들어, 여러분이 불법에 이른 것처럼, 이같이 지금 여러분의 신체들을 의에게 종된 자들로 시중들어 거룩함에 이르십시오!

104
👆
6:20~21

여러분이 죄의 종들이었을 때, 의에게 자유하였기 때문입니다. 그런즉 여러분이 그때 무슨 열매를 가졌습니까? 여러분이 지금 그것들에 부끄러워합니다. 그것들의 끝은 죽음이기 때문입니다.

105
👆
6:22

이제는 여러분이 죄로부터 자유케되어, 하나님께 종되어 거룩함에 이르는 여러분의 열매를 가지니, 그 끝은 영원한 생명입니다.

106
👆
6:23

죄의 댓가들은 죽음이며, 하나님의 은사는 우리의 주님 그리스도 예수 안에 영원한 생명이기 때문입니다.

ROMANS

로마서

장

107절~126절 [개역개정, KJV 7:1~7:25]

율법에게 죽음으로 의롭게 여겨집니다

8장

로마서

✍ 개역개정, KJV

107
✍
7:1

아니면, 형제들이여! 여러분이 못통찰합니까? 율법을 아는 자들에게 내가 얘기하는데, 율법은 사람이 사는 동안만큼 그를 주관합니다.

108
✍
7:2

남자아래있는 여자는 살아있는 남자에게 법으로 묶여져 있기 때문입니다. 그러나 만약 남자가 죽으면, 그녀는 남자의 법으로부터 파기된 것입니다.

109
✍
7:3

그렇다면, 남자가 살아있는데, 만약 그녀가 또다른 남자에게 있게된다면, 그녀는 간음하는 여자로 지시받을 것입니다. 그러나 만약 남자가 죽으면, 그녀는 법으로부터 자유하여, 또다른 남자에게 있게되어도, 그녀가 간음하는 여자로 있는 것은 아닙니다.

110
✍
7:4

그러므로 내 형제들이여! 여러분도 그리스도의 몸을 통하여 율법에게 죽임당하여, 죽은 자들에서 일으켜지신 또다른 분에게 있게되었는데, 우리가 하나님께 열매맺기 위함입니다.

111 👆
7:5

우리가 육체 안에 있을 때, 죄들의 영적인시련들이 율법을 통하여 우리 신체들 중에 역사하여, 죽음에게 열매맺게 하였습니다.

112 👆
7:6

이제는 우리가 율법에서 파기되어져, 율법에게 차지된 것에서 죽었으므로, 우리는 글자의 옛것으로가 아닌 영의 새로움 안에서 섬깁니다.

113 👆
7:7

그런즉, 무엇을 말하겠습니까? 율법이 죄입니까? 그렇지 않습니다. 다만 율법을 통하지 않는다면, 내가 죄를 알지 못했는데, 곧, 율법이 '탐하지 말 것이다!'라고 말하지 않았다면, 나는 욕심을 알지 못했기 때문입니다.

114 👆
7:8

그러나 죄가 계기를 받아, 계명을 통하여, 내 안에서 모든 욕심을 실행하였습니다. 율법 없이는, 죄는 죽은 것이기 때문입니다.

115 👆
7:9~10

나는 언제라도 율법없이 살았습니다. 그러나 계명이 오자, 죄가 위로살아났으며, 나는 죽었으며, 생명에 이르게하는 계명, 이것이 죽음에 이르게 하는 것으로, 내게 발견되었습니다.

116 👆
7:11

죄가 계기를 받아, 계명을 통하여 나를 현혹하였으며, 그것을 통해 죽였기 때문입니다.

117
7:12

그러므로 율법은 거룩하며, 계명도 거룩하고 의로우며 선합니다.

118
7:13

그런즉 선한 것이 내게 죽음이 되었습니까? 그렇지 않습니다! 다만 죄가 죄로 나타내지도록, 선한 것을 통하여 내게 죽음을 실행하여, 계명을 통하여 죄가 지극히 죄되기 위함입니다.

119
7:14~15

우리는 율법이 영적이라는 것을 알기 때문입니다. 그러나 나는 육신적이어서, 죄 아래 팔려진 것입니다. 나는 내가 실행하는 것을 알지 못하기 때문입니다. 나는 내가 원하는 이것은 하지 않으며, 다만 내가 미워하는 이것을 행하기 때문입니다.

120
7:16

내가 원하지 않는 이것을 행한다면, 율법이 좋다는 것을 시인하는 것입니다.

121
7:17

이제는 더이상 내가 그것을 실행하는 것이 아니며, 다만 내 안에 동거하는 죄입니다.

122
7:18

나는 내 안에 소위 내 육체 안에 선한 것이 동거하지 않는다는 것을 내가 알기 때문입니다. 원하는 것은 내게 놓여있으나, 좋은 것을 실행하는 것은 발견하지 못하기 때문입니다.

123
7:19~20

나는 내가 원하는 선한 것은 행하지 않으며, 다만 내가 원하지 않는 나쁜 것, 이것을 합니다. 내가 원하지 않는 것, 이것을 행한다면, 나는 더이상 그것을 실행하지 않으며 다만 내 안에 동거하는 죄입니다.

124
👆
7:21~23

그래서 나는 법을 발견하는데, 좋은 것을 행하기를 원하는 나에게, 나쁜 것이 내게 놓여있는 것입니다. 안에 있는 사람을 따라서는 하나님의 율법을 함께즐거워하지만, 내 지각의 율법과 군사로싸우며 내 신체들 안에 있으면서 죄의 법으로 나를 포로잡는, 내 신체들 안에 또다른 법을 봅니다.

125
👆
7:24

나는 비참한 사람입니다. 누가 나를 이 죽음의 몸에서 건지겠습니까?

126
👆
7:25

나는 우리의 주님 예수 그리스도를 통하여 하나님께 감사드립니다. 그렇다면, 나 자신이 정말로 지각으로는 하나님의 율법을 섬기며, 육체로는 죄의 법을 섬깁니다.

전무후무한 성경

ROMANS

세계 최초 1:1 대응 번역

장

127절~158절 [개역개정, KJV 8:1~8:39]

율법대로 행하게 하는,
예수님 안이 구원입니다

9장
로마서

개역개정, KJV

127
8:1

그래서, 지금 육체를 따라 걸어다니지 않고 다만 영을 따라 걸어다니는, 그리스도 예수 안에 있는 자들에게 아무 정죄가 없습니다.

128
8:2

그리스도 예수 안에 생명의 영의 법이 죄와 죽음의 법에서 나를 자유케하셨기 때문입니다.

129
8:3~4

육체 때문에 병들어서, 율법의 불가능한 것을, 하나님께서는 자신의 아들을 죄의 육체의 비슷한모양으로 보내셔서, 죄에 대하여 육체에 죄를 정죄하셨으며, 육체를 따라 걸어다니지 않고 다만 영을 따라 걸어다니는 우리에게 율법의 의롭게여기심이 성취되기 위함입니다.

130
8:5~6

육체를 따르는 자들은 육체의 것들을 생각하며, 영을 따르는 자들은 영의 것들을 생각합니다. 육체의 생각은 죽음이며, 영의 생각은 생명과 평안이기 때문입니다.

131
8:7
육체의 생각은 하나님을 향해 원수인 것 때문에, 하나님의 율법에 복종적이지도 않고 할 수도 없기 때문입니다.

132
8:8
육체 안에 있는 자들은 하나님을 기쁘시게할 수 없습니다.

133
8:9
만일 하나님의 영이 여러분 안에 동거하시면, 여러분은 육체 안에 있지 않고 다만 영 안에 있는 것입니다. 어떤 자가 그리스도의 영을 갖고있지 않으면, 이 자는 그분의 것이 아닙니다.

134
8:10
그리스도께서 여러분 안에 계시면, 몸은 죄 때문에 죽었으나, 영은 의 때문에 생명입니다.

135
8:11
예수님을 죽은 자들에서 일으키신 분의 영이 여러분 안에 동거하시면, 그리스도를 죽은 자들에서 일으키신 분이, 여러분 안에 속에동거하시는 그분의 영을 통하여, 여러분의 죽을 몸도 살리실 것입니다.

136
8:12
그렇다면, 형제들이여! 우리는 육체 곧 육체를 따라 살지 않을, 빚진자들입니다.

137
8:13
여러분이 육체를 따라 산다면, 여러분은 죽게되지만, 영으로 몸의 하는일들을 죽인다면, 여러분은 살 것이기 때문입니다.

138
8:14

하나님의 영에게 끌려가지는 자마다, 이들은 하나님의 아들들이기 때문입니다.

139
8:15

여러분은 다시 두려움에 이르는 종노릇의 영을 받지 않았으며, 다만 '아바! 아버지!'라고 소리지르니, 양자의 영을 받았습니다.

140
8:16

영, 그분이 우리 영에게, 우리가 하나님의 자녀들이라는 것을 함께증거합니다.

141
8:17

자녀들 또한 상속자들이라면, 정말로, 하나님의 상속자들 곧 그리스도의 공동상속자들입니다. 만일 우리가 함께고난받는다면, 우리도 함께영광받기 위함입니다.

142
8:18

현재의 영적인시련들은 우리에게 나타나지게 될 영광에 마땅치않다고, 내가 여기기 때문입니다.

143
8:19

피조물의 고대는 하나님의 아들들의 나타남을 몹시고대하는 것이기 때문입니다.

144
8:20~21

피조물이 허무에 복종적인 것은, 자의적이 아니며, 다만 복종적이게하시는 분을 통해서인데, 피조물 자신도 썩어짐의 종노릇으로부터 자유케되어 하나님의 자녀들의 영광의 자유에 이를 것을 소망하기 때문입니다.

145
👆
8:22

모든 피조물이 지금까지 함께탄식하며 함께산통한다는 것을, 우리가 알기 때문입니다.

146
👆
8:23

뿐만 아니라, 우리도 영의 첫열매를 갖고있는데, 우리 자신들도 속으로 양자 곧 우리 몸의 구속을 몹시고대하며 탄식합니다.

147
👆
8:24~25

우리는 소망으로 구원받았기 때문입니다. 보여지는 소망이 소망은 아닙니다. 왜냐하면 보는 것을 어떤사람이 왜 소망합니까? 우리가 보지 못하는 것을 소망한다면, 인내로 몹시고대합니다.

148
👆
8:26

그와같이, 영도 우리의 연약함들을 협력해돕습니다. 그분의 해야하는 꼭그대로, 우리는 무엇을 기도할 지를 알지 못하지만, 다만 영 그분이 우리를 위하여 말할수없는 탄식으로 대신 중보하시기 때문입니다.

149
👆
8:27

마음들을 상고하시는 분은 영의 생각이 무엇인지를 아시는데, 그분은 하나님을 따라 거룩한 자들을 위하여 중보하시는 것입니다.

150
👆
8:28

하나님을 사랑하는 자들, 곧 예정대로 초청된 자들에게는, 모든 것들이 함께역사하여 선한 것에 이른다는 것을, 우리는 압니다.

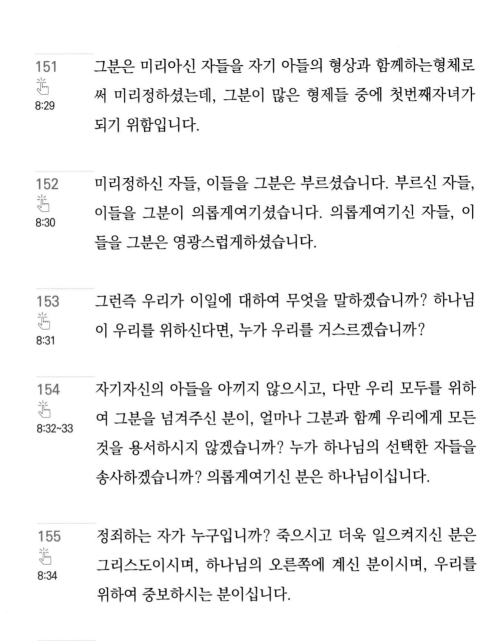

151
8:29

그분은 미리아신 자들을 자기 아들의 형상과 함께하는형체로써 미리정하셨는데, 그분이 많은 형제들 중에 첫번째자녀가 되기 위함입니다.

152
8:30

미리정하신 자들, 이들을 그분은 부르셨습니다. 부르신 자들, 이들을 그분이 의롭게여기셨습니다. 의롭게여기신 자들, 이들을 그분은 영광스럽게하셨습니다.

153
8:31

그런즉 우리가 이일에 대하여 무엇을 말하겠습니까? 하나님이 우리를 위하신다면, 누가 우리를 거스르겠습니까?

154
8:32~33

자기자신의 아들을 아끼지 않으시고, 다만 우리 모두를 위하여 그분을 넘겨주신 분이, 얼마나 그분과 함께 우리에게 모든 것을 용서하시지 않겠습니까? 누가 하나님의 선택한 자들을 송사하겠습니까? 의롭게여기신 분은 하나님이십니다.

155
8:34

정죄하는 자가 누구입니까? 죽으시고 더욱 일으켜지신 분은 그리스도이시며, 하나님의 오른쪽에 계신 분이시며, 우리를 위하여 중보하시는 분이십니다.

156
8:35~36

'우리가 당신을 인하여, 하루 종일 죽임당하며, 도살의 양들같이 여겨졌습니다.'라고 기록된 것처럼, 누가 우리를 그리스도의 사랑에서 가르겠습니까? 환난이나 압박감이나 핍박이나 흉년이나 벌거벗음이나 위험이나 칼이겠습니까?

157

8:37

다만 우리는 이 모든 일에, 우리를 사랑하시는 분을 통하여 충분히이깁니다.

158

8:38~39

제가 확신되는데, 죽음도, 생명도, 천사들도, 실권자들도, 능력들도, 현재일어나는 일들도, 다가올 일들도, 높은 것도, 깊은 것도, 어떤 또다른 피조물도, 우리를 우리의 주님 그리스도 예수 안에 있는 하나님의 사랑으로부터 가를 수 없을 것입니다.

ROMANS

159절~233절 [개역개정, KJV 9:1~11:36]

구원에 이르는 기독교인은 극소수입니다

10장

로마서

👆 개역개정, KJV

159
👆
9:1~2

내가 그리스도 안에서 진리를 말하며, 거짓되게 말하지 않는데, 거룩한 영 안에서 내 양심이 내게 함께 증거하여, 내게 큰 근심과 내 마음에 쉬지 않는 극한 고통이 있는 것입니다.

160
👆
9:3

왜냐하면, 육체를 따르는 나의 친족들, 곧 나의 형제들을 위하여, 나 자신이 그리스도로부터 저주 욕설이 있기를 서원하기 때문입니다.

161
👆
9:4~5

그들은 이스라엘인들이며, 그들에게 양자와 영광과 계약들과 율법두심과 충성과 약속하신 것들이 있으며, 그들에게 아버지들이 있으며, 그들에게서 육체를 따라 그리스도께서 계신데, 그분은 모든 것 위에 계신 분으로, 영원히 축복되신 하나님이십니다. 진실로!

162
👆
9:6

그러나 그렇지만은 않은데, 하나님의 말씀이 떨어져나간 것입니다. 이스라엘에 속한 모든 자들, 이들이 이스라엘이 아니기 때문입니다.

163
9:7~8

모든 자녀들이 아브라함의 자손이 아니며, 다만 "자손은 이삭 안에서 네게 불려질 것이다." 소위 육체의 자녀들, 이들이 하나님의 자녀들이 아니며, 다만 약속하신 것의 자녀들이 자손으로 여겨집니다.

164
9:9

약속하신 것의 말씀은 이것이기 때문입니다. "이 때를 따라 내가 올 것이며, 사라에게 아들이 있을 것이다."

165
9:10

뿐만 아니라, 리브가도 한 사람에게서 잠자리를 가졌는데 우리 아버지 이삭입니다.

166
9:11~13

아직 낳아지지도 않고, 선한 것이나 나쁜 것을 하지도 않았는데, 선택함을 따라 하나님의 예정이 머물기 위함이며, 행위들을 말미암지 않고, 다만 부르시는 분을 말미암아, "내가 야곱은 사랑하였고, 에서는 미워하였다."라고 기록된 것처럼, "더 큰 자가 더미달된 자를 섬길 것이다."라고 그녀에게 선포되었습니다.

167
9:14~15

그런즉, 우리가 무엇을 말하겠습니까? 하나님에게 불의가 있습니까? 그렇지 않습니다! 그분이 모세에게, "내가 긍휼히 여기는 자마다 긍휼히여길 것이며, 자비베풀 자마다 자비베풀 것이다."라고 말씀하시기 때문입니다.

168
👆
9:16

그렇다면, 원하는 자에게 있지 않으며, 달리는 자에게도 있지 않으며, 다만 긍휼히여기시는 하나님에게 있습니다.

169
👆
9:17

성경이 바로에게, '이것을 위해, 내가 너를 일으켜주었는데, 그럼으로써 내가 네 안에서 내 능력을 나타내보여주며, 그럼으로써 내 이름이 모든 땅에 일러진다.'라고 말하기 때문입니다.

170
👆
9:18

그렇다면, 그분은 자기가 원하는 자를 긍휼히여기시고, 자기가 원하는 자를 강퍅하게하십니다.

171
👆
9:19

그런즉 당신은 내게, '그분은 왜 여전히 흠잡으십니까?'라고 권고할 것입니다. 왜냐하면 그분의 뜻하심에, 누가 대적하겠습니까?

172
👆
9:20

오히려! 오오! 사람아! 하나님에게 반박하는 자, 당신은 누구입니까? 조성물이 조성하신 분에게 '왜 나를 이같이 만들었습니까?'라고 말하겠습니까?

173
👆
9:21

진흙의 토기장이가 동일한 덩어리로, 정말로 하나는 존경 그릇으로 하나는 천함 그릇으로 만들 권세를 갖고있지 않습니까?

174
👆
9:22~23

하나님이 진노를 나타내보여주시며 자신의 능력있는 것을 알게하기를 원하셔서, 많은 참으심 중에 진노의 그릇들을 멸망으로 온전케되도록 가져오셨다면, 또한 긍휼의 그릇들 곧 영광으로 앞서준비하신 자들에 대해 자신의 영광의 부유함을 알게하기 위함입니다.

175
9:24

이들은 그분이 부르신 우리들인데, 유대인들에서 뿐만 아니라, 이방인에서도 부르신 자들입니다.

176
9:25

호세아에서도 그분이 말씀하시는 것같이, "내가 내 백성이 아닌 자를 내 백성이라 부를 것이며, 사랑받지 않은 자를 사랑받는 자라고 부를 것이다."

177
9:26

또한 "너희는 내 백성이 아니다."라고 그들에게 선포된 장소에서, 거기서, '그들이 살아계신 하나님의 아들들이라 불려질 것이다.'가 있을 것입니다.

178
9:27

이사야가 이스라엘을 위하여 소리지릅니다. "비록 이스라엘의 아들들의 수가 바다의 모래 같을지라도, 남겨진 자가 구원받을 것이다."

179
9:28

말씀이 다끝마쳐 의로 끝나는데, 주님이 끝나진 말씀을 땅 위에서 행하실 것이기 때문입니다.

180
9:29

이사야가 미리말한 것처럼, "만군의 주님이 우리에게 자손을 남기시지 않으셨다면, 우리는 소돔들과 같이 되었을 것이고, 고모라와 같이 비슷하게여겨졌을 것입니다."

181
🖐
9:30

그런즉 우리가 무엇을 말하겠습니까? 의를 좇아가지 않는 이방인들이 의를 잡아냈는데, 믿음에 말미암은 의입니다.

182
🖐
9:31

의의 율법을 좇아간 이스라엘은 의의 법에 임하지 못하였습니다.

183
🖐
9:32~33

무엇때문입니까? 믿음에 말미암지 않고, 다만 율법의 행위들에 말미암은 것입니다. "오! 내가 시온에 부딪침의 돌과 실족의 바위를 둔다. 그분을 믿는 자는 모두 창피당하지 않을 것이다."라고 기록된 것처럼, 그들이 부딪침의 돌에 부딪쳤기 때문입니다.

184
🖐
10:1

형제들이여! 이스라엘을 위하여 나의 마음의 기쁜뜻과 하나님께의 간구는 구원에 이르는 것입니다.

185
🖐
10:2

내가 그들에게 증거하는데, 그들이 하나님의 열정은 갖고있으나, 다만 앎을 따르지 않기 때문입니다.

186
🖐
10:3

그들은 하나님의 의를 못통찰하고, 자기자신의 의를 세우는 것을 찾았는데, 하나님의 의에 복종되지 않았기 때문입니다.

187
🖐
10:4

그리스도는 믿는 모든 자에게 의에 이르는 율법의 끝이기 때문입니다.

188
👆
10:5

모세는 "율법들을 행하는 사람은 율법으로 살 것이다."라고 율법에 말미암은 의를 기록하기 때문입니다.

189
👆
10:6~7

믿음으로 말미암은 의는 이같이 말합니다. "당신은 당신의 마음에, '누가 하늘로 올라가겠느냐?'라고 말하지 말 것입니다. 이것은 그리스도를 붙잡아놓는 것입니다. 또는 당신은 당신의 마음에, '누가 음부로 내려가겠느냐?'라고 말하지 말 것입니다. 이것은 그리스도를 죽은 자들에서 붙잡아올리는 것입니다."

190
👆
10:8

다만 무엇을 말합니까? 선포된말씀이 당신에게 곧 당신의 입 안에와 당신의 마음에 가까이 있습니다. 이것은 우리가 전파하는 믿음의 선포된말씀입니다.

191
👆
10:9

당신이 당신의 입으로 예수님을 주님이라 공언하고, 하나님께서 죽은 자들에서 그분을 일으키셨다는 것을 당신의 마음에 믿으면, 당신은 구원받을 것입니다.

192
👆
10:10

그는 마음에 믿어져 의에 이르며, 입에 공언되어 구원에 이르기 때문입니다.

193
👆
10:11~12

성경은 말합니다. "그분을 믿는 자는 모두 창피당하지 않을 것이다." 유대인과 헬라인 사이에 차별이 없기 때문입니다. 모든 자들의 동일한 주님은 자기를 일컫는 모든 자들에게 부유하시기 때문입니다.

194
10:13
주님의 이름을 일컫는 자마다 모두 구원받을 것이기 때문입니다.

195
10:14
그런즉 그들이 믿지 않는 분을 어떻게 일컫겠습니까? 그들이 듣지 못한 분을 어떻게 믿겠습니까? 그들이 전파하는자 없이 어떻게 듣겠습니까?

196
10:15
"평안을 복음전하는 곧 선한 것들을 복음전하는 자들의 발은 아름다운 것!"이라고 기록된 것처럼, 만약 보내어지지 않았다면, 그들이 어떻게 전파하겠습니까?

197
10:16
다만 모든 자들이 복음에 순종한 것은 아닙니다. "주님! 우리의 소문을 누가 믿었습니까?"라고 이사야가 말하기 때문입니다.

198
10:17
그래서 믿음은 소문에 말미암으며, 소문은 하나님의 선포된 말씀을 통해서입니다.

199
10:18
다만 내가 말합니다. "그들은 듣지 않았습니까? 오히려, 그들의 말하는 소리가 모든 땅으로 나갔으며, 그들의 선포된말씀이 천하의 끝들로 나갔습니다."

200
10:19
다만 내가 말합니다. "이스라엘은 알지 못했습니까?" 먼저 모세가 말합니다. "내가 이방인이 아닌 자로 너희를 시기나게할 것이며, 못깨닫는 이방인으로 내가 너희를 노엽게 할 것이다."

201
👆
10:20

이사야가 매우담대하여 말합니다. "나를 찾지 않는 자들에게 내가 발견되어지며, 내게 묻지 않는 자들에게 내가 나타나게 되었다."

202
👆
10:21

그분이 이스라엘에게 말씀하십니다. "불순종하며 반대하는 백성에게, 내가 하루 종일 내 손들을 벌렸다."

203
👆
11:1

그런즉, 내가 말합니다. "하나님이 자기 백성을 내치셨습니까?" 그렇지 않습니다! 나도 아브라함의 자손에 속하며, 베냐민 지파의 이스라엘인이기 때문입니다.

204
👆 11:2上

하나님은 미리아신 자기 백성을 내치지 않으셨습니다.

205
👆
11:2下~3

또한 여러분은 엘리야에서, 성경이 무엇을 말하는지를 알지 못합니까? 그가 이스라엘에 대항하여 하나님께 중보한 것같이, "주님! 그들이 당신의 선지자들을 죽였으며, 당신의 제단들을 파내허물었으며, 나만 겨우남겨졌는데, 그들이 내 목숨을 찾습니다."라고 말합니다.

206
👆
11:4

다만 지시받음이 그에게 무엇을 말합니까? "내가 바알에게 무릎을 꿇지 않은 남자 7,000명을 나자신에게 남겼다."

207
👆
11:5

그런즉 이같이 현재에도, 은혜의 선택함을 따라 극소수가 있게되었습니다.

208
11:6

은혜라면 더이상 행위들로 말미암지 않으며, 그러하다면, 은혜가 더이상 은혜가 되지 않습니다. 그리고 행위들로 말미암는다면, 더이상 은혜가 아니며 그러하다면 행위가 더이상 행위가 아닙니다.

209
11:7上

그런즉, 무엇입니까? 이스라엘이 간구하는 것, 이것을 그가 얻어내지 못하고, 선택함이 얻어내었습니다.

210
11:7下~8

'하나님이 오늘 날까지 그들에게 혼미의 영과 보지 못함의 눈들과, 듣지 못함의 귀들을 주셨다.'라고 기록된 것처럼, 남은 자들은 완악해졌습니다.

211
11:9~10

다윗은 말합니다. "그들의 상이 그들에게 올무로, 덫으로, 실족으로, 보답으로 되게하옵소서! 그들의 눈들이 보지 못함으로 어두워지게하옵소서! 그들의 등은 늘 굽게하옵소서!"

212
11:11

그런즉, 내가 말합니다. 그들이 떨어지려고 떨어져버렸습니까? 그렇지 않습니다! 다만 그들의 과실로, 구원이 이방인들에게 왔으며, 그들을 시기나게하였습니다.

213
11:12

그들의 과실이 세상의 부유함이며, 그들의 감소가 이방인들의 부유함이라면, 그들의 성취는 얼마나 더하겠습니까?

214
11:13~14

내가 이방인들인 여러분에게 말하는데, 내가 어찌하든지 나의 육체를 시기나게할 것이며, 내가 이방인들 중에 어떤 자들을 구원한다면, 내가 정말로 그들의 사도인만큼, 내가 내 섬김에 영광돌립니다.

215
👆
11:15~16

그들의 내어버림이 세상의 화목이라면, 죽은 자들에서 생명뿐인 다가감은 어떻습니까? 첫열매가 거룩하다면, 덩어리도 그렇습니다. 뿌리가 거룩하다면, 가지들도 그렇습니다.

216
👆
11:17

가지들의 어떤 자들이 떼내어져, 야생올리브나무인 당신이 그들 중에 접붙는다면, 당신도 올리브나무의 뿌리와 진액에 함께참여한 자가 되었습니다.

217
👆
11:18

당신은 가지들을 과시하지 마십시오! 당신이 과시한다해도, 당신이 뿌리를 짊어지지 않으며, 다만 뿌리가 당신을 짊어집니다.

218
👆
11:19

그런즉 당신은, "가지들이 떼내어진 것은, 내가 접붙여지기 위함입니다."라고 말할 것입니다.

219
👆
11:20

좋습니다. 그들은 믿음없음으로 떼내어졌으며, 당신은 믿음으로 섰습니다. 당신은 마음높이지 마십시오! 다만 당신은 두려워하십시오!

220
👆
11:21

하나님이 본성적인 가지들을 아끼지 않으셨다면, 어찌하든지 그분은 당신도 나타내시지 않을 것입니다.

221
🖐
11:22

오호! 그런즉 하나님은 인자하심과 엄위가 있으신데, 정말로 떨어지는 자들에게는 엄위이시며, 만약 당신이 인자하심에 계속머문다면, 당신에게는 인자하심입니다. 다음은 당신도 찍혀버려질 것입니다.

222
🖐
11:23

그들도, 만약 믿음없음에 계속머물지 않는다면, 그들은 접붙여질 것입니다. 하나님은 다시 그들을 접붙이시는 능력이 있으시기 때문입니다.

223
🖐
11:24

당신이 본성적인 야생올리브나무에서 찍혀버려졌으며, 본성 외에 좋은올리브나무에 접붙는다면, 본성적인 이들은 얼마나 더욱 자기자신의 올리브나무에 접붙여지겠습니까?

224
🖐
11:25

형제들이여! 여러분들이 스스로 총명하지 않기 위하여, 나는 여러분이 이 비밀을 못통찰하기를 원하지 않는데, 이방인들의 성취가 들어오기까지 이스라엘에 부분적으로 완악함이 있게된 것입니다.

225
🖐
11:26~27

"건지시는 분이 시온에서 오실 것이며, 야곱으로부터 경건치 않음들이 돌이켜머물 것이다. 내가 그들의 죄들을 없애는 때에, 이것이 그들에 대한 나의 계약이다."라고 기록된 것처럼, 이같이 모든 이스라엘이 구원받을 것입니다.

226
🖐
11:28

정말로 복음을 따라, 그들은 여러분 때문에 원수된 자들이며, 선택함을 따라, 그들은 아버지들 때문에 사랑받는 자들입니다.

227
👆 11:29

하나님의 은사와 초청은 후회없기 때문입니다.

228
👆
11:30

여러분도 언제라도 하나님께 불순종한 것처럼, 지금 여러분은 이들의 불순종으로 긍휼히여겨졌습니다.

229
👆
11:31

이같이, 이들이 지금 당사자에 대한 긍휼에 불순종하였는데, 이들도 긍휼히여겨지기 위함입니다.

230
👆
11:32

하나님이 모든 자들을 불순종으로 포획하신 것은, 그분이 모든 자들을 긍휼히여기시기 위함입니다.

231
👆
11:33

오오! 하나님의 부유함과 지혜와 지식의 깊이! 그분의 판결들은 측량치못하며, 그분의 길들은 흔적없는 것입니다.

232
👆
11:34~35

왜냐하면, 누가 주님의 지각을 압니까? 또한 누가 그분의 뜻을같이하는자가 되었습니까? 또한 누가 그분께 미리주었으며 그분께 보답받겠습니까?

233
👆
11:36

모든 것들이 그분으로 말미암았으며, 그분을 통하여, 그분께 이르는 것입니다. 영광이 영원히 그분께! 진실로!

ROMANS

로마서

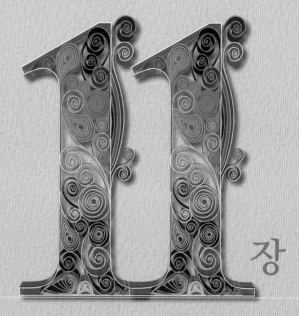

11장

234절~302절 [개역개정, KJV 12:1~15:33]

구원받은 증거는 완전히 변화된 삶입니다

11장

로마서

개역개정, KJV

234 **12:1** 그런즉 형제들이여! 내가 하나님의 자비를 통해, 여러분의 몸을 살아있는, 거룩한, 굉장히기쁘시게하는 제물로 하나님께 시중들기를, 여러분에게 권하는데, 여러분의 말씀에의 충성입니다.

235 **12:2** 여러분은 이 세상과 같은모양을갖지 마십시오! 하나님의 선하신, 굉장히기쁘시게하는, 온전하신 뜻이 무엇인지 여러분이 분변하도록, 다만 여러분의 지각의 영적인새롭게함으로 변형되십시오!

236 **12:3** 내가 내게 주어진 은혜를 통해 여러분 중에 있는 모두에게 말하는데, 생각해야할 것보다 높여생각하지 말고, 다만 하나님께서 각각 믿음의 분량을 나누신 대로, 정신차려 생각하십시오!

237
👆
12:4

우리가 한 몸에 많은 신체들을 갖고있는 것처럼, 모든 신체들이 동일한 하는일을 갖고있는 것은 아니기 때문입니다.

238
👆
12:5~8

이같이 우리에게 주어진 은혜를 따라 꼭가져오는 은사들을 갖는데, 혹 예언이라면 믿음의 영적인말씀을 따라, 혹 섬김이라면 섬김으로, 혹 가르치는 자라면 교훈으로, 혹 권하는 자라면 권면으로, 나눠주는 자라면 희생으로, 지도하는 자라면 부지런함으로, 긍휼히여기는 자라면 긍휼히받음으로, 우리가 그리스도 안에서 많은 자들이 한 몸이며, 각각 서로에게 신체들입니다.

239
👆
12:9~13

사랑은 위선없기에, 여러분은 악한 자와 절교하며, 선한 자에게 묻혀지며, 형제좋아함에 서로 우애하며, 서로 존경에 먼저 인정하며, 부지런함에 지체하지 않으며, 영에 열심내며, 때에 섬기며, 소망에 기뻐하며, 환난에 견디며, 기도에 대기하며, 거룩한 자들의 필요에 참여하며, 손님대접을 좇아갑니다.

240
👆
12:14

여러분은 여러분을 핍박하는 자들을 축복하십시오! 여러분은 축복하고 저주하지 마십시오!

241
👆
12:15

기뻐하는 자들과 함께 기뻐하며, 우는 자들과 함께 우는 것입니다.

242
👆
12:16

여러분은 서로를 동일하게 생각하며, 높은 것들을 생각지 말며, 다만 겸손한 것들에 완전히잡아끌고가며, 스스로 총명하게 되지 마십시오!

243
12:17
~19上

아무에게도 나쁜 것에 대응하여 나쁜 것으로 갚지 말며, 모든 사람들 앞에서 좋은 것들을 공급하며, 여러분에게서 능력있다면 모든 사람들과 함께 평안하며, 사랑하는 자들이여! 스스로 원한갚지 말며, 다만 여러분은 진노에의 장소에 드리십시오!

244
12:19下

"'내게 원한갚음이 있으며, 내가 보답할 것이다.'라고 주님이 말씀하십니다."라고 기록되었기 때문입니다.

245
12:20

그런즉 만약 당신의 원수가 배고프다면, 그에게 없는중에다 주십시오! 만약 목마르다면, 그를 마시게하십시오! 이렇게 행하여, 당신이 그의 머리 위에 불의 숯들을 쌓아올릴 것이기 때문입니다.

246
12:21

당신은 나쁜 것으로 이겨지지 마십시오! 다만 선한 것으로 나쁜 것을 이기십시오!

247
13:1

모든 영혼은 위에있는 권세들에게 복종적으로 되십시오! 하나님으로부터 오지 않는 권세가 없으며, 있는 권세들은 하나님에게서 정해졌기 때문입니다.

248
13:2

그러므로 권세자에게 대항하는 자는 하나님의 지정한 것에 대적하는 것이며, 대적하는 자들은 스스로 판결을 받을 것입니다.

249
👆
13:3
통치자들은 선한 행위들에의 두려움이 없으며, 다만 나쁜 일에 있습니다. 당신은 권세자를 두려워하지 않는 것을 원합니까? 당신은 선한 것을 행하십시오! 그러면 당신은 그에게서 칭찬을 가질 것입니다.

250
👆
13:4
하나님의 섬기는자가 당신에게 있는 것은 선한 것을 이루기 위함입니다. 만약 당신이 나쁜 것을 행한다면 두려워하십시오! 그가 공연히 칼을 소지하지 않기 때문입니다. 하나님의 섬기는자는 나쁜 것을 하는 자에게 진노로 보응하는 자이기 때문입니다.

251
👆
13:5
때문에, 복종적인 것이 부득이함은 진노 때문 만은 아니며, 다만 양심 때문입니다.

252
👆
13:6
이렇기 때문에, 여러분은 식민세도 세금냅니다. 그들은 맡은 일에 대기하는 하나님의 맡은자들이기 때문입니다.

253
👆
13:7
그런즉, 여러분은 모든 자들에게 빚을 갚으십시오! 식민세를 받을 자에게는 식민세이며, 세금을 받을 자에게는 세금이며, 두려워할 자에게는 두려움이며, 존경할 자에게는 존경입니다.

254
13:8~9

서로 사랑하는 것외에는, 아무에게 아무 것도 빚지지 마십시오! 또다른 자를 사랑하는 자는 율법을 성취한 것이기 때문입니다. 왜냐하면, 너는 간음하지 말 것이다, 너는 살인하지 말 것이다, 너는 도둑질하지 말 것이다, 너는 거짓증언하지 말 것이다, 너는 탐하지 말 것이다는 것과, 어떤 또다른 계명일지라도, "네 이웃을 자신과 같이 사랑할 것이다."라는 것 곧 이 말씀 안에 포함됩니다.

255
13:10

사랑은 이웃에게 나쁜 것을 일하지 않습니다. 그런즉 사랑은 율법의 성취입니다.

256
13:11

여러분은 이 때를 아는데, 우리가 이미 잠에서 일으켜질 때입니다. 지금, 우리의 구원이 믿을 때보다 더가깝기 때문입니다.

257
13:12

밤이 깊게나아갔으며, 낮이 가까이왔습니다. 그런즉, 우리가 어두움의 행위들을 놓아버리고, 빛의 무기들을 입읍시다.

258
13:13

낮에와 같이, 방종들과 취함들 없이, 잠자리들과 호색들 없이, 분쟁과 질투 없이, 존경받게 걸어다닙시다.

259
13:14

여러분은 다만 주님 예수 그리스도를 입으십시오! 욕심을 위해, 여러분은 육체의 구상을 행하지 마십시오!

260 👆 14:1

여러분은 의논들의 판가름으로 말고, 믿음에 병든 자에게 다가가십시오!

261 👆 14:2~3

정말로, 한명은 모든 것을 먹는다고 믿으며, 병든 자는 채소들을 식사합니다. 식사하는 자는 식사하지 않는 자를 멸시하지 마십시오! 식사하지 않는 자는 식사하는 자를 심판하지 마십시오! 하나님이 그에게 다가가셨기 때문입니다.

262 👆 14:4

남의 집하인을 심판하는 당신은 누구입니까? 그는 자기자신의 주님에게 서있거나 떨어집니다. 그가 서게될 것인데, 하나님이 그를 세울 수 있기 때문입니다.

263 👆 14:5~6

정말로, 한명은 날보다 날을 결정하며, 한명은 모든 날을 결정합니다. 각각 자기자신의 지각에 확실히이루어지십시오! 날을 생각하는 자는 주님위해 생각합니다. 날을 생각하지 않는 자도 주님위해 생각하지 않습니다. 식사하는 자도 주님위해 식사하는데, 하나님께 감사하기 때문입니다. 식사하지 않는 자도 주님위해 식사하지 않으며, 하나님께 감사드립니다.

264 👆 14:7~8

우리 중에 아무도 자신위해 살지 않으며, 아무도 자신위해 죽지 않기 때문입니다. 곧 비록 우리가 살아도, 주님위해 살며, 곧 비록 죽어도, 주님위해 죽기 때문입니다. 그런즉, 곧 비록 살아도, 곧 비록 죽어도 우리는 주님의 것입니다.

265
👆
14:9
이를 위하여, 그리스도께서 죽으셨으며 일어서셨으며, 위로 살아나셨는데, 그분이 죽은 자들도 산 자들도 주관하시기 위함입니다.

266
👆
14:10~11
당신은 왜 당신의 형제를 심판합니까? 또한 왜 당신의 형제를 멸시합니까? 우리 모두가 그리스도의 재판석에 시중들 것이기 때문입니다. "주님께서 말씀하십니다. '내가 살아있다. 모든 무릎이 내게 꿇을 것이며, 모든 혀가 하나님께 공개발언할 것이다.'"라고 기록되었기 때문입니다.

267
👆
14:12
그렇다면, 우리 각각이 하나님께 자기자신에 대한 말을 드릴 것입니다.

268
👆
14:13
그런즉, 우리는 우리끼리 더이상 심판하지 말고, 다만 여러분은 이것을 더욱 심판하십시오! 곧 형제에게 부딪침이나 실족을 두지 않는 것입니다.

269
👆
14:14
내가 주님 예수님 안에서 알고 확신되는 것은, 아무것도 그 자체로 부정한 것은 없습니다. 어떤 것이 부정된다고 여기는 자에게만, 그 자에게 부정합니다.

270
👆
14:15
양식 때문에, 여러분의 형제가 근심된다면, 더이상 당신은 사랑을 따라 걸어다니는 것은 아닙니다. 그리스도께서 위해서 죽으신 그를, 당신의 양식으로 멸망시키지 마십시오!

271
👆 14:16

그런즉 여러분의 선한 것이 모독받지 마십시오!

272
👆 14:17

하나님의 왕국은 먹는것과 마시는것이 아니며, 다만 거룩한 영 안에서 의와 평안과 기쁨이기 때문입니다.

273
👆 14:18

이래서, 그리스도를 섬기는 자는 하나님께 굉장히기쁘시게하며, 사람들에게 인정받기 때문입니다.

274
👆 14:19

그렇다면, 우리는 평안의 일들을 좇아가며, 서로에게 영적건물의 일들을 좇아갑니다.

275
👆 14:20

양식을 인하여, 하나님의 행위를 무너뜨리지 마십시오! 정말로, 모든 것들이 깨끗한 것들이지만, 다만 부딪침을 통하여 식사하는 사람에게는 나쁜 것입니다.

276
👆 14:21

당신은 고기들을 먹지도 말며, 포도주를 마시지도 말며, 당신의 형제가 부딪치거나 실족되거나 병들게 하는 어떤 것도 않는 것이 좋습니다.

277
👆 14:22

당신은 믿음을 갖고있습니다. 당신은 하나님 앞에 자신만의 것을 가지십시오! 분변하는 것으로 자신을 심판하지 않는 자가 복있습니다.

278
👆 14:23

판가름한 자가, 만약 먹는다면, 그는 정죄되는데, 믿음으로 말미암지 않은 것입니다. 믿음으로 말미암지 않는 모든 것은 죄입니다.

279
☞
15:1

우리는 능력있는 자들이 불가능한 자들의 병들을 짊어지고, 자신을 기쁘게하지 않는 의무를집니다.

280
☞
15:2

우리 각각은, 영적건물이 선한 것에 이르도록, 이웃을 기쁘게 하십시오!

281
☞
15:3

다만, "당신을 욕하는 자들의 욕들이 내게 임하였다."라고 기록된 것처럼, 그리스도께서 자신을 기쁘게하지 않으셨기 때문입니다.

282
☞
15:4

전에기록된 것마다, 우리 교훈을 위하여 전에기록되었는데, 성경들의 인내와 권면을 통하여, 우리가 소망을 가지기 위함입니다.

283
☞
15:5~6

인내와 권면의 하나님이 여러분에게 그리스도 예수님을 따라 서로 생각하는 것에 동일한 것을 주시려는 것은, 하나님 곧 우리의 주님 예수 그리스도의 아버지께, 우리가 한 입으로 한 마음으로 영광돌리기 위함입니다.

284
☞
15:7

때문에, 여러분은 그리스도께서 우리에게 다가오셔서 하나님의 영광에 이른 것처럼, 서로 다가가십시오!

285
👆
15:8~9

내가 말하는데, 예수 그리스도께서 하나님의 진리를 위하여 할례의 섬기는자가 되셔서, 아버지들의 약속하신것들을 확증하셨으며, "이러므로, 내가 이방인들 중에 당신께 공개발언할 것이며 당신의 이름을 찬양할 것입니다."라고 기록된 것처럼, 긍휼을 인하여 이방인들이 하나님께 영광돌렸습니다.

286
👆
15:10~12

다시 그분이 말씀하십니다. "이방인들아! 그분의 백성과 함께 행복해라!" 다시, "모든 이방인들아! 너희는 주님을 찬송하라! 모든 백성들, 너희는 그분을 칭찬하라!" 다시, 이사야가 말합니다. "이새의 뿌리가 있을 것인데, 이방인들을 통치하시려고 일어서시는 분, 그분을 이방인들이 소망할 것이다."

287
👆
15:13

소망의 하나님이 믿는데 있어서 여러분에게 모든 기쁨과 평안을 성취하셔서, 소망 안에서 여러분을 거룩한 영의 능력으로 남아넘치게 하소서!

288
👆
15:14

내 형제들이여! 나 자신도 여러분에 대하여 확신되는데, 여러분자신도 선이 가득하며, 모든 지식이 성취되어 서로 권면할 수 있다는 것입니다.

289
👆
15:15~16

형제들이여! 내가 더담대히 여러분에게 부분적으로 기록하였는데, 하나님에게서 내게 주신 은혜 때문에, 여러분에게 계속 위로부터생각난 것인데, 내가 이방인들을 향하여 예수 그리스도의 맡은 자가 되어, 하나님의 복음에 성직수행하여, 이방인들의 희생제사가 거룩한 영 안에서 거룩하게되어 받음직하게 되게 하기 위함입니다.

290
👆
15:17

그런즉 나는 그리스도 안에서 하나님께 대한 일들의 자랑을 갖고있습니다.

291
👆
15:18~
19上

나는 나를 통해 그리스도께서 실행하시지 않은 어떤 것도 얘기하는 것에 담대하지 않은데, 표적들과 이적들의 능력으로, 하나님의 영의 능력으로, 말과 행위에서 이방인들의 순종에 이르게 한 것이기 때문입니다.

292
👆
15:19下
~21

그럼으로써, 내가 예루살렘에서 일루리곤까지 두루 그리스도의 복음을 성취한 것이며, "그리스도에 대해 보고받지 못한 자들이 볼 것이며, 듣지 못한 자들이 깨달을 것이다."라고 다만 기록된 것처럼, 그분이 이름되지 않는 곳에서 복음전하기를 열렬히사모하였는데, 내가 남의 기초 위에 짓지 않기 위함입니다.

293
👆 15:22

때문에, 내가 여러분에게 가는 것이 많이 방해받았습니다.

294
👆
15:23
~24上

이제는 내가 더이상 이 구역에서 갖고있는 장소가 없으며, 많은 해 전부터 여러분에게 가는 구함을 갖고있으니, 만약 내가 스페인으로 가는 중이면 여러분에게 갈 것입니다.

295
👆
15:24下

내가 꼼꼼히지나가면서 여러분을 눈여겨보고, 만약 첫번째로 여러분과 부분적으로 만족하게된다면, 여러분에게서 거기로 전송받기를 소망하기 때문입니다.

ROMANS

세계 최초 1:1 대응 번역

303절~331절 [개역개정, KJV 16:1~16:27]

구원받은 자들은 서로 교제가 일어납니다

12장

로마서

개역개정, KJV

303

16:1~2上

겐그레아에 있는 교회의 섬기는자로 있는 우리의 누이 뵈뵈를, 내가 여러분에게 함께서게합니다. 여러분이 주님 안에서 거룩한 자들에 마땅하게 그녀를 기다리기 위함이며, 그녀가 여러분에게 필요한 사항마다 여러분이 그녀에게 시중들게하기 위함입니다.

304

16:2下

이것은 그녀가 많은 자들과 나 자신의 보호자가 되었기 때문입니다.

305

16:3~5上

여러분은 그리스도 예수 안에 나의 동역하는 자들인 브리스가와 아굴라에게 평안인사하십시오! 이들은 내 목숨을 위하여 자신들의 목을 위하여내어놓았는데, 나뿐만 아니라, 이방인들의 모든 교회들과 그들의 집마다 있는 교회들도 감사하는 자들입니다.

306
👆
16:5下

여러분은 사랑하는 에배네도에게 평안인사하십시오! 그는 그리스도께로의 아가야의 첫열매입니다.

307
👆
16:6

여러분은 우리를 위해 많이 수고한 마리아에게 평안인사하십시오!

308
👆
16:7

여러분은 내 친족들이며 나의 동료포로들인 안드로니고와 유니아에게 평안안사하십시오! 그들은 사도들 중에 유명한 자들이며, 나 전에 그리스도 안에 있게된 자들입니다.

309
👆
16:8

여러분은 주님 안에 나의 사랑하는 암블리아에게 평안인사하십시오!

310
👆
16:9

여러분은 그리스도 안에 우리의 동역하는 자인 우르바노와 나의 사랑하는 스다구에게 평안인사하십시오!

311
👆
16:10上

여러분은 그리스도 안에 인정받는 아벨레에게 평안인사하십시오!

312
👆 16:10下

여러분은 아리스도불로에 속한 자들에게 평안인사하십시오!

313
👆 16:11上

여러분은 내 친족 헤로디온에게 평안인사하십시오!

314
👆
16:11下

여러분은 주님 안에 있는, 나깃수에 속한 자들에게 평안인사하십시오!

315
🖐
16:12上

여러분은 주님 안에 수고한 드루배나와 드루보사에게 평안인사하십시오!

316
🖐
16:12下

여러분은 주님 안에 많은 것들을 수고한 사랑하는 버시에게 평안인사하십시오!

317
🖐
16:13

여러분은 주님 안에 선택된 루포와 그의 어머니 곧 나의 어머니에게 평안인사하십시오!

318
🖐
16:14

여러분은 아순그리도와 블레곤과 허마와 바드로바와 허메와 그들과 함께한 형제들에게 평안인사하십시오!

319
🖐
16:15

여러분은 빌롤로고와 율리아와 네레오와 그의 누이와 올름바와 그들과 함께 있는 모든 거룩한 자들에게 평안인사하십시오!

320
🖐 16:16上

여러분은 거룩한 입맞춤으로 서로 평안인사하십시오!

321
🖐 16:16下

그리스도의 교회들은 여러분에게 평안인사합니다.

322
🖐
16:17~18

형제들이여! 나는 여러분이 배운 가르침에게서의 당쟁들과 실족들을 행하는 자들을 성찰하기를 권합니다. 여러분은 그들에게서 등돌리십시오! 이런 자들은 우리의 주님 예수 그리스도를 섬기지 않는 자들이며, 다만 자신들의 배를 섬기며, 인자한말과 축복을 통하여 나쁘지않은 자들의 마음들을 현혹하기 때문입니다.

323
👆 16:19上

여러분의 순종이 모든 자들에게 영향주었기 때문입니다.

324
👆
16:19下

그런즉 나는 여러분에 대해 기뻐합니다. 나는 정말로 여러분이 선한 것에 대해 지혜로우며, 나쁜 것에 대해 순결하기를 원합니다.

325
👆
16:20

평안의 하나님이 신속히 사탄을 여러분의 발 아래 상하게 할 것입니다. 우리의 주님 예수 그리스도의 은혜가 여러분과 함께!

326
👆
16:21

나의 동역하는 자 디모데와 나의 친족들인 누기오와 야손과 소시바더가 여러분에게 평안인사합니다.

327
👆
16:22

나, 더디오가 여러분에게 평안인사하는데, 주님 안에서 편지를 기록하는 자입니다.

328
👆
16:23

나그네인 나의, 가이오와 온 교회가 여러분에게 평안인사합니다. 이 성의 말씀보유자인 에라스도와 형제 구아도도 여러분에게 평안인사합니다.

329
👆
개역개정 없음
KJV 16:24

우리의 주님 예수 그리스도의 은혜가 모든 여러분과 함께! 진실로!

전무후무한 성경 • 12장

330
☞
16:25
~16:27上

모든 이방인들로 알게되어 믿음의 순종에 이르게 하려고, 하나님의 영원하신 분부를 따라 선지자들의 성경들을 통하여, 세상 동안에 조용해졌다가 지금은 공개된 비밀의 나타남을 따라, 나의 복음과 예수 그리스도의 전파를 따라 여러분을 굳게 할 수 있으신 분, 예수 그리스도를 통해, 오직 지혜로우신 하나님, 그분께 영광이 영원히! 진실로!

331
☞
개역개정 없음
KJV 16:27下

로마인들에게 고린도에서 기록되었으며, 겐그레아에 있는 교회의 섬기는 자 뵈뵈를 통한 편지!

이 책은,
예수님의
작품
입니다!

ROMANS

로마서

박경호헬라어스트롱사전

[1:1 한글 대응]

NEW 마태복음, NEW 누가복음, NEW 마가복음
NEW 요한복음, NEW 요한계시록, 로마서에 사용된 단어를 수록하였습니다

스트롱코드	뜻
1	알파
3	아바돈
5	아바
6	아벨
7	아비야
9	아빌레네
10	아비훗
11	아브라함
12	음부
15	선행하다
18	선한, 선한 (자) (것)
19	선
20	즐거움
21	즐거워하다
23	분내다
25	사랑하다
26	사랑
27	사랑한, 사랑하는, 사랑받는
29	강요하다
30	그릇
32	천사, 전달자
34	떼
37	거룩하다, 거룩하게하다
38	거룩함
40	거룩한 (자) (분)
42	거룩
43	팔뚝
44	낚시
46	말끔한

48	성결케하다
50	못통찰하다
58	시장
59	사다
61	어획
63	들에있다
64	트집잡다
65	야생올리브나무
66	야생
68	밭, 촌, 들
69	잠자지못하다, 잠자지못하게하다
71	끌려가(오)다, 끌고가(오)다
74	영적싸움
75	힘쓰다
76	아담
79	자매, 누이
80	형제
82	분명치않은
85	슬퍼하다
86	지옥
88	쉬지않는
89	쉬지않고
91	불의를따라보응하다, 불의하다, 불의하게하다
92	불의한것
93	불의
94	불의한 (자)
96	버려진
101	능치못하다

102	불가능한 (것)	163	포로잡다(수동 : 포로잡히다)
103	노래하다	164	포로(남성, 천국)
104	언제나	165	세상, 영원
105	독수리	166	영원한, 세상의
106	무교절	167	더러움
107	아소르	168	더러운것 (명사)
109	공기(air)	169	더러운
114	저버리다	172	나쁘지않은 (자)
121	부당한	173	가시나무
123	해변	174	가시
125	애굽	175	열매없는
126	알수없는	181	소란
129	피, 혈통(복수)	185	순결하다
131	피흘리다	187	익다
134	찬송하다	188	아직까지
136	찬송	189	소문
137	애논	190	따르다
140	선택하다	191	듣다(수동 : 들리다)
142	들고가다, 들어라(명령), 들려져라(명령), 들고오다, 들려가진, 들다	192	무능력
		194	섞인것이없는
		198	자세히묻다
143	감지하다	199	자세히, 자세하게
152	수치	200	메뚜기
153	수치스럽다	202	들음, 듣는 자
154	구하다	203	무할례, 무할례자
155	요구	206	맨끝
156	죄목	207	아굴라
158	죄명	208	폐하다
160	홀연히	211	옥합
161	포로(여성, 지옥)	213	자랑하는 자

214	징징대다		256	알패오
216	말못하는 (자)		257	타작마당
215	말할수없는		258	여우
217	소금		260	한가지로
218	기름바르다		264	범죄하다
219	닭소리		265	범죄
220	닭		266	죄, (복수)죄들
223	알렉산더		268	죄인, 죄있는
224	가루		271	자수정
225	진리		272	등한히여기다
227	참된		273	흠없이
228	참, 참인		275	걱정없게(없도록)
229	(매)갈다		278	뉘우침없는, 후회없는
230	참으로		279	회개치않는
231	어부		281	진실(로)
232	물고기잡다		284	아미나답
233	짜게하다		285	모래
235	다만		286	흠없는양
236	바꾸다		288	포도나무
237	다른쪽으로		289	포도원지기
239	할렐루야		290	포도원
240	(3인칭)남(들), (2인칭)서로를, 서로에게 (1인칭복수)우리끼리		291	암블리아
			293	그물
241	외국인		294	입히다(수동 : 입다)
242	솟아나다		296	사거리
243	다른, 다른쪽		297	둘
245	남(타인을 지칭)		299	흠없는 (자)
250	알로에		300	아몬
251	짠물		302	~마다, ~것이며, ~(하)든지, ~했을 것이다
254	쇠사슬			

303	씩(단위), 위쪽		350	판단하다
†303	한가운데위쪽의		352	펴서일어나다
305	(물에서)올라오다, (산에)올라가다		353	승천하다
307	끌어내다		354	승천
308	올려보다		355	분리소멸하다
309	올려봄		356	영적인말씀
310	탄원하다		358	짠맛없는
312	보고하다(수동:보고받다)		360	풀려나다
314	읽다		361	죄없는자
315	강권하다		363	위로부터생각나다
318	부득이함		364	위로부터생각남
321	이끌다(수동 : 이끌려지다), 붙잡아올리다		372	쉼
			373	쉬다, 쉬게하다
322	임명하다		375	올려보내다
323	임명		376	앉은뱅이
326	위로살아나다(영적으로 살아나는 것)		377	비스듬히앉다
327	찾다		378	이루다
331	저주욕설		379	핑계치못하는
332	욕설하다		380	두루말아펴다
334	헌물		381	불붙다
335	강청함		383	선동하다
337	죽이다		385	끌어올리다
338	무죄한		386	부활
339	바르게앉다		389	위로부터탄식하다
342	영적인새롭게함		390	활동하다, 엎다
344	돌이키다(영적으로 돌아감)		392	저술하다
345	앉아식사하다		393	솟아오르다
346	포함하다		395	(복수)동방, 동편 (단수)동쪽
347	앉다, 앉히다		398	위로나타나다
349	부르짖다		399	올리다

400	높이부르다	458	불법
402	물러가다	459	불법자
406	안드레	460	율법없이
408	안드로니고	461	똑바로일어나다
413	없어지지않는	463	용납하심
414	참을만하다	465	교환
415	무자비한 (자)	467	보답하다
417	바람	468	보답
418	불가능한	470	반박하다
419	측량치못하는	471	변박하다
421	흔적없는	472	중히여기다
424	위로가다	473	대신, 대응하는, 이어, ~에 대하여, 대
429	발견해내다	474	주고받다
430	용납하다	476	소송자
432	회향	479	답례로부르다
435	남자	480	적대하다
436	대적하다	482	돕다
437	감사하다	483	반대하다(수동 : 반대당하다)
439	숯불	488	반대로측정하다
440	숯	489	보응
442	인간, 인간적으로	492	피해지나가다
443	사람죽이는자	493	안디바
444	사람	495	반대편
449	씻지않은	497	군사로싸우다
450	일어서다, 일어나게하다	498	대항하다
451	안나	501	(물)뜨다
452	안나스	502	물뜨는것
453	통찰력없는 (자)	504	물없는
454	지각없음	505	위선없는
455	열다		

507	위
508	다락방
509	위, 위부터, 위로부터
511	(더)위로
513	도끼
514	마땅한
515	당연하다
516	마땅하게
517	보이지않는 (것)
518	알려주다
519	목매달다
520	잡아끌고가다
522	(수동 : 빼앗기다)
523	돌려달라하다
525	변화하다
527	연한, 연하게
528	만나다
529	만남
533	거부하다
534	지금부터
535	준공
536	첫열매
537	일체모든 (것) (자)
539	유혹
543	불순종
544	불순종하다
545	순종하지않는 (자)
553	몹시고대하다
559	아벨레
560	바라다

561	맞은편(에서)
565	퍼지다, 가다(오다)
568	떨어져있다
569	안믿다
570	믿음없음
571	믿음없는
572	희생
573	성한
575	~(로)부터,~로, ~에게서, ~에서, ~출신, 벗어나, 떨어진, ~이래, 전부터
576	떠나오다
577	내어버리다
580	내어버림
582	호적
583	호적하다
586	십일조드리다
588	환영하다
589	외국나가다
590	외국나가는
591	갚다, 제공하다
593	버리다(수동 : 버림받다)
596	곳간
598	밀치다
599	죽다
600 (†600b)	회복하다, 회복시키다
601	나타나다
602	나타남
603	고대(苦待)

606	따로놓다		652	사도
607	목베다		653	꼬투리잡다
608	봉쇄하다		654	돌이켜머물다
609	잘라버리다		655	절교하다
611	대답하다		656	출교의
612	대답		657	작별하다
613	숨기다		659	놓아버리다
614	숨긴		660	떨쳐버리다
615	죽이다(수동 : 죽임당하다)		662	매우담대하다
617	굴리다		663	엄위
618	받아가지다, 받아들이다		667	받아데려가다 (수동 : 받아데려가지다)
621	핥다			
622	멸(망)하다, 멸망시키다		672	떠나가다
623	아볼루온		673	갈라서다
626	설파하다		674	기절하다
629	구속		680	만지다
630	놓아보내다		681	켜다
631	털어버리다		683	내치다
633	씻다		684	멸망
635	끌어미혹하다		685	지껄임
637	세척하다		†686	이미, 그래서
638	질식시키다(수동 : 질식되다)		687	의문접두사(~느냐?)
639	혼란케하다(중간태:혼란스러워하다)		689	람
640	혼란		692	무익한
645	빼다(칼을)		†693	은으로된
647	이혼		694	은
648	뜯어내다		696	은
649	(사람)보내다 : 떠나보내는 것		700	기쁘게하다
650	속이다		701	기쁘게하는 (것)
651	사도직		704	양

705	(숫자 등을)세다(수동 : 세어지다)		754	세금징수장
706	수, 숫자		755	연회장
707	아리마대		756	시작하다
709	정찬하다		757	통치하다
711	아리스도불로		758	통치자
712	정찬		759	향품
713	충분하다, 족한		760	아사
714	족하다		762	꺼지지않는
715	곰		763	경건치않음
716	병거		765	경건치않은 (자)
717	아마겟돈		766	호색
720	부인하다		768	아셀
721	어린양		769	연약함
722	밭갈다		770	병들다
723	쟁기		771	병(病)
724	탐심		772	연약한 (자)
726	빼앗다		773	아시아
727	토색하는		779	부대(통을 말함)
729	깁지않은		782	평안인사하다
730 (†730)	남성		783	평안인사
			785	살모사
732	병든 (자)		786	원통함을풀지않는 (자)
737	지금		787	앗사리온
740	빵		792	별
741	간맞추다		794	무정한 (자)
744	옛(사람)		796	번개
745	아켈라오		797	번쩍이다
746	처음, 처음실권자, 실권자, 실권		798	뭇별
749	대제사장		799	아순그리도
752	회당장		801	못깨닫는

802	약속어기는 (자)
803	확신
805	확고하게하다
806	단단히
808	남부끄러움
811	구원없이
815	자녀없는
816	주목하다
817	없는중에
818	천대하다
819	천함
820	존경없음
821	존경받지않다 (수동 : 존경주지않다)
824	이상한
832	피리불다
833	뜰
834	피리부는자
835	유하다
837	자라다, 커지다
839	내일
840	엄한
844	저절로
845	목격자
846	그의(인칭대명사NP), 자신, 자기, 것, 동일한
848	그분
851	없애다(수동 : 없어지다)
853	상하게하다
855	안나타나는
856	뒤

859	사함
861	썩지않음
862	썩지않는
863	허용하다, 버려두다, 사하다
864	영향주다
868	떠나다
870	두려움없이
873	갈라내다
874	계기
875	거품흘리다
876	거품
877	지혜없음
878	지혜없는 (자)
879	선잠자다, 선잠드시다(높임말)
881	아하스
882	아가야
884	은혜모르는 (자)
885	아킴
886	손으로만들지않은
888	마땅치않은
889	마땅치않다
891	(에)까지
892	쭉정이
894	쑥(풀의 종류)
896	바알
897	바벨론
899	깊이, 깊은 것
900	깊게하다
901	깊은
902	실가지

903	발람	937	왕족(AP)
904	발락	938	여왕
905	지갑	941	짊어지다
906	(내)던지다(수동 : (내)던져지다), 넣다	942	가시덤불
		943	22리터(22L)
907	세례주다(수동 : 세례받다)	944	개구리
908	세례	945	헛된반복하다
909	씻음	946	가증한것
910	세례(요한)	948	가증하다, 가증히여기다
911	(물 등을)찍다, 적시다	949	확증한
912	바라바	950	확증하다
914	바라갸	953	무시하다
915	야만인	954	바알세불
916	피곤하다 (수동 : 피곤해지다)	958	베냐민
917	둔하게	962	베다바라
918	바돌로매	963	베다니
920	바요나(요나의 아들)	964	베데스다
922	짐	965	베들레헴
924	바디매오	966	벳새다
925	무겁게하다	967	벳바게
926	무거운 (것)	968	재판석
927	귀한(최상급: 매우귀한)	969	베릴
928	괴롭히다(수동 : 괴로워하다)	971	침략하다 (수동 : 침략되다, 침략당하다)
929	괴롭힘		
930	고문자	973	침략자
931	고통	974	작은책
932	왕국	975	책
933	왕궁	976	책
935	왕	977	받아먹다
936	왕되다	979	살림

982	생활의
984	상하게하다
985	싹나다
987	모독하다
988	모독
991	바라보다, 보다
992	붓는
993	보아너게
994	외치다
997	돕다
999	구덩이
1000	던짐
1003	보아스
1005	북방, 북편(복수), 북쪽(단수)
1006	먹다, 먹이다
1009	송이
1010	공회의원
1011	계획하다
1012	뜻
1013	뜻하심
1014	뜻하다
1015	작은산
1016	소(동물)
1021	느린
1023	팔(신체)
1024	쪼금
1025	아기
1026	비내리다
1027	천둥
1028	비

1030	갊(이를, 이빨을)
1033	양식
1034	먹을것
1035	먹는것
1036	가라앉다(수동 : 가라앉혀지다)
1039	면화의, 면화로된(옷)
1040	면화옷
1042	가바다
1043	가브리엘
1045	갓
1046	거라사인
1049	헌금함
1050	가이오
1055	고요함
1056	갈릴리
1057	갈릴리인
1060	결혼하다
1061	결혼하다(여자측에서)
1062	결혼식
1063	왜냐하면, ~때문이다
1064	자궁
1065	허나
1067	지옥불
1068	겟세마네
1069	지인
1070	웃다
1072	채우다(수동 : 채워지다)
1073	가득하다
1074	세대
1077	생일

1078	낳으심		1118	부모
1079	출생		1119	무릎
1080	낳다		1120	무릎꿇다
1081	낳은 것, 난 것		1121	글자
†1081	난 것		1122	서기관
1082	게네사렛		1123	기록된
1083	태어남, 태어나심		1124	성경
1084	낳은자		1125	기록하다(수동 : 기록되다)
1085	종류(동물, 물건), 종족(귀신, 사람)		1127	깨어있다
1088	늙음		1131	벗은(채), 벗은(몸) (자) (AP)
1089	맛보다		1132	벌거벗음
1092	농부		1135	여자
1093	땅		1136	곡
1094	쇠함		1137	모퉁이
1095	늙다		1138	다윗
1096	되다, 생기다, 일어나다, 이루다, 나다, (있게)되다		1139	귀신들리다
			1140	귀신
1097	알다(동침하다는 뜻)		1142	귀신
1099	달다(단맛을 말함)		1144	눈물
1100	혀, 방언		1145	눈물흘리다
1101	돈궤		1146	반지
1102	빨래하는 자		1147	손가락
1106	정신		1148	달마누다
1107	알게하다		1150	제어하다
1108	지식		1155	빌리다, 빌려주다
1110	아는 (자)		1156	빚
1111	원망하다		1157	채권자
1115	골고다		1158	다니엘
1116	고모라		1159	낭비하다
1117	상품		1160	비용

1161	그리고, 그러나, 그러자, 그래서	1205	오다
1162	간구	1207	첫번째 후 두번째
1163	~해야 한다, 해당하다	1208	둘째, 두번째
1166	보여주다	1209	영접하다
1168	무서워하다	1210	묶다
1169	무서워하는 (자)	1211	이제
1170	아무	1212	분명한
1171	몹시	1220	데나리온
1172	잔치하다	1221	어떤~하더라도(하든지)
1173	잔치	1223	~를 통해, ~때문에, ~동안, ~로, 내내
1176	10, 열		
1178	15, 십오	1224	건너지나가다
1179	데가볼리	1225	일러바치다
1180	14, 열넷	1227	밝히보다
1182	(서수) 제 10, 열째, 열번째, 십분의일	1228	마귀
		1229	일러주다
1184	받아들여지는	1230	지나다
1186	나무	1232	마음에간직하게하다
1188	오른쪽(단수), 오른편(복수), 오른쪽것(형대단수)	1234	심히원망하다
		1235	완전히깨다
1189	간청하다	1238	면류관
1193	가죽	1239	다주다
1194	때리다(수동 : 맞다)	1241	세게두르다
1195	묶다	1242	계약
1196	동여매다(수동 : 동여매어지다)	1244	분할하다
1197	단	1245	청소하다
1198	죄수	1247	섬기다
1199	결박	1248	섬김
1203	주권자	1249	섬기는자
1204	오다	1250	200, 이백

1252	판가름하다	1291	경계하다
1253	판가름	1293	차별
1254	말리다	1294	거역하다
1255	이야기나누다	1295	구해주다(수동 : 구함받다)
1256	논쟁하다	1296	지정한 것
1257	그만두다	1298	심히요동하다
1259	화해하다	1299	지정하다
1260	의논하다	1301	철저히지키다
1261	의논	1302	무엇때문에
1263	낱낱이증거하다	1303	맡겨두다
1265	항상머물다	1304	거하다
1266	나누다	1307	맑은
1267	나눔	1308	귀하다, 꼭가져가다
1269	몸짓하다	1310	소문내다(수동 : 소문나다)
1270	의도	1311	썩게하다
1271	뜻	1313	꼭가져오는
1272	밝히열다	1314	굳게지키다
1273	밤새다	1316	단절하다
1275	늘	1318	가르치는
1276	건너가(오)다	1319	교훈
1279	꼼꼼히지나가다	1320	선생(님)
1280	당황하다	1321	가르치다(수동 : 가르침받다)
1281	철저히장사하다	1322	가르침
1283	늑탈하다	1323	두드라크마
1284	찢다(수동 : 찢어지다)	1324	디두모
1285	고하다	1325	주다(수동 : 주어지다), 드리다(높임말)
1286	강포하다		
1287	흩다(수동 : 흩어지다, 흩어버리다)	1326	깨어나다, 깨우다
1288	끊다	1327	광장
1290	흩어진자	1329	통역해주다

1330	거쳐가다		1375	핍박
1332	두살		1377	핍박하다(수동 : 핍박받다), 좇아가다
1334	각인시키다		1378	문서
1335	내력		1380	생각하다, 생각나다
1339	간격떨어지다		1381	분변하다
1340	힘주다		1382	분별력
1341	의의심판		1384	인정받는
1342	의인, 의로운 것, 의로운		1385	들보
1343	의		1387	사기치다
1344	의롭게여기다		1388	계략
1345	의롭게여기심		1390	줄것
1346	의롭게		1391	영광
1347	의롭다하심		1392	영광돌리다(수동 : 영광받다), 영광스럽게하다
1348	재판장		1397	종노릇
1350	그물		1398	섬기다
1352	때문에		1399	여종
1353	철저히길따라가다		1400	종된 (자)
1358	구멍뚫다		1401	종
1360	~(한) 것 때문에		1402	종이다(수동 : 종되다)
1362	두배		1403	초청잔치
1363	두배갚다		1404	용(dragon)
1364	두번		1407	낫
1365	의심하다		1410	~할 수 있다
1366	양날의		1411	능력
1367	이천(2,000)		1413	능력자
1368	걸러내다		1415	능력있는 (자) (것), 할수있는
1369	불화시키다		1416	(태양 등이)지다
1370	당쟁		1417	2, 둘
1371	두배때리다			
1372	목마르다			

1419	지기어려운		1458	송사하다
1422	고민되는		1459	버리다, 남기다
1423	고민되게		1461	접붙다(접붙여지다:수동)
1424	(복수)서방, 서편 (단수)서쪽		1465	방해하다
1427 (†1427)	12, 열둘		1470	넣다
			1471	양수로배부른
1428	(서수) 제 12, 열두번째		1472	도포하다
1430	지붕		1473	나, (복수)우리
1431	선물		1474	굳어버리게하다
1432	값없이		1478	히스기야
1433	내어주다		1480	관례하다
1434	내어줌		1482	이방인
1435	예물		1484	이방(들), 이방인
1436	으악!		1485	전례
1437	QV누구든지, 만약~다면, 비록~한다해도, ~대로		1486 (†1486)	전례화하다
1438	속, 자신, (예외:그것들), 스스로		1487	만약(jh넣고, js뺌), ~하겠느냐, 만약 ~(할)까, ~(한)지, ~(다)면
1439	허락하다			
1440	70, 칠십		1491	모습
1441	70번, 일흔번		1492 (†1492)	알다
1442	(서수) 제 7, 일곱째			
1444	히브리		1494	우상제물(의)
1447	히브리어		1496	우상숭배자
1448	가까이오다		1497	우상
1451	가까운, 가까이		1500	공연히
1452	더가까운, 더가까이		1501	20, 이십
1453	일어나다. 일으키다		†1501a	25, 이십오
1454	일어남		†1501b	24, 이십사
1455	정탐하는 자		1504	형상
1456	수전절		1507	둘둘말다(수동 : 둘둘말리다)

1508	~에게만	**1544**	내보내다
1510	이다, 있다, 계시다(높임말), 속하다, (지금)있다, 되다	**1547**	시집가다
		1548	시집가다
1512	만일~(다)면	**1551**	고대하다
1513	어떻게든지	**1554**	임대하다
1514	평안하다	**1556**	원한갚다
1515	평안	**1557**	원한갚음
1518	평안케하는 (자)	**1558**	보응하는 (자)
1519	~로, ~로서, ~하도록, 까지, ~에 대해, 겨냥하는, 위해, ~(에) 이르는, (으)로, ~(을) 향하여	**1559**	박해하다
		1562	발가벗기다
		1563	거기(에)(는), 거기서, 거기로
		1564	거기서, 거기
1520	일(1), 한(명)	**1565**	그(곳), 그(녀), 그(자)
1521	데리고들어가다(오다)	**1567**	찾아내다
1522	듣다(수동 : 들리다)	**1568**	순간놀라다(수동 : 순간놀라워하다)
1525	들어가다, 들어오다	**1572**	타오르다
1531	들어가다, 들어오다	**1573**	절망하다
1533	끌려들어가다, 끌고들어가다	**1574**	찔러버리다
1534	후에	**1575**	떼내다
1535	혹~라면	**1576**	있을수없다
1537	~에게서, ~에(서), ~(로)부터(의), 출신으로, ~중(에), 중 일부, 중 하나, ~(으)로, ~인해, 를(을), ~에의, ~속한, 말미암은	**1577**	교회
		1578	등돌리다
		1580	메고나오다(수동 : 메고나와지다)
		1581	찍어버리다(수동 : 찍혀버려지다)
		1582	열심이다
1538	각각(에게)(의)	**1584**	빛나다
1540	100, 백	**1586**	택하다
†1540	144, 백사십사	**1587**	바닥나다
1541	100세	**1588**	선택한 (자), 선택된 (자)
1542	백배(100배)	**1589**	선택함
1543 (**†1543**)	백부장		

1590	(수동 : 낙심되다)	1645	가벼운
1591	씻기다	1646	가장작은(비교급)
1592	우습게여기다	1648	엘르아살
1593	물러나다	1651	책망하다
1598	시험하다	1652	가련한 (자)
1600	벌리다(손 따위 등을)	1653	긍휼히여기다
1601	떨어져나가다	1654	구제
1605	놀라다(수동 : 놀라워하다)	1655	긍휼히여기는 (자)
1606	영이나가다	1656	긍휼
1607	나오다	1657	자유
1610	뽑다	1658	자유한 (자)
1611	경이로움	1659	자유케하다
1614	내밀다	1661	상아
1615	완성하다	1662	엘리아김
1617	(더)적극적으로	1664	엘리웃
1621	떨어버리다	1665	엘리사벳
1622	겉	1666	엘리야
1623	(서수) 제 6, 여섯째	1668	종기
1627	가지고나오다	1669	종기앓다
1628	피하다	1670	끌어당기다
1630	심히두려운	1671	헬라
1631	내밀다	1672	헬라인
1632	쏟다(수동 : 쏟아지다)	1673	고대그리스
1633	빠져나오다	1674	헬라인(여자)
1635	자의적	1676	헬라어
1636	올리브(나무)	1677	죄로여기다
1637	기름	1679	소망하다
1640	(더)미달된 (자)	1680	소망
1642	미달하다	1682	엘로이(아람어)
1643	(수동 : 밀려가다)	1683	나자신, 저자신

1684	(배로)오르다		1734	(서수) 십일(11), 열한번째
1685	던져넣다		1735	존재하다
1686	넣다		1737	옷입다
1689	쳐다보다		1738	형벌받는
1690	엄히경계하다		1739	외장
1692	토하다		1741	영광스러운
1694	임마누엘		1742	옷
1699	나의(것), 내것, 우리의(것)		1743	계속능력있다 (수동 : 계속능력있어지다)
1702	희롱하다(수동 : 희롱당하다)		1746	입다, 입히다
1705	만족하게하다(수동 : 만족되다)		1748	매복하다
1706	빠지다		1750	둘러싸다
1711	장사(매매를 말함)		1751	율법안에있다
1712	거래		1752	~하기에, 인하여
1713	상인		1754	역사하다
1714	불태우다		1758	달라붙다
1715	앞에((서)의), 앞서		1759	여기서, 여기로
1716	계속침뱉다 (수동 : 계속침뱉음당하다)		1760	생각하다
1717	나타난		1761	생각
1718	나타나다, 나타내다		1763	해, 한해, 년
1719	두려움에빠진		1764	현재일어나다
1720	숨을내쉬다		1765	힘있게하다
1722	안에,~에서, 입은, 중에(는), ~시, 있는		1766 (†1766)	(서수) 제 구, 아홉째
1723	팔뚝에안다		1767	9, 아홉
1726	앞에서		1768	99, 아흔아홉
1727	대항하는		†1768	90, 아흔
1731	나타내보여주다		1770	머리신호하다
1732	나타내보여줌		1773	한밤에
1733	11, 열한(기수)		1774	속에동거하다

1777	처벌된	1833	캐묻다
1778	명(命)	1834	표현하다
1779	장사지내다	1835	육십
1780	장사	1836	그다음날
1781	명하다	1839	놀라다, 놀라게하다
1782	이쪽(에) (에서) (을), 저쪽(에) (에서) (을)	1841	별세
		1843	공개발언하다
1784	존귀한	1844	맹세로말하게하다
1785	계명	1846	뚫다
1787	안(에)	1847	(수동 : 멸시당하다)
1788	선대되다(수동 : 선대하다)	1848	멸시하다
1793	중보하다	1849	권세, (정관사3588+)권세자
1794	말다	1850	집권하다
1799	앞, 앞에(서)	1852	잠깨다
1803	6, 육	1854	밖에, 밖으로, 바깥에, 밖에서
1806	데리고나가다	1855	겉, 겉으로는
1807	빼다	1857	더바깥(비교급)
1809	청구하다	1859	명절
1810	갑자기	1860	약속하신 것
1812	600, 육백	1861	약속하다
1813	지우다	1865	모여있다
1816	싹나다	1866	에배네도
1817	일어서게하다	1867	칭찬하다
1818	현혹하다	1868	칭찬
1819	문득	1869	(눈을)들다, 높이다
1821	보내다	1870	부끄러워하다
1823	찬란하다	1871	구걸하다
1825	일으켜주다	1872	따라가다, 따라오다
1831	나오다, 나가다	1875	~거든, ~하면(가정법X, 상황○)
1832	옳다	1877	(수동 : 이끌어내어지다)

1878	계속위로부터생각나다	1923	글
1879	머물러쉬다, 머물러쉬게하다	1924	새기다
1880	올라와있다	1925	보이다
1881	대적하다	1929	건네주다
1883	위쪽에(서), ~이상에	1934	간구하다
1887	다음날	1937	탐하다(탐함), 사모하다
1888	현장에서	1939	사모함, 욕심
1893	다음, ~이었기에, 그러하다면	1940	올라앉다
1895	~차에	1941	일컫다
1896	돌보다	1943	다덮다
1897	~하기에	1944	저주아래
1899	그런다음	1945	앞에놓다
1903	덧옷	1948	판결내리다
1904	와서머물다	1949	붙들다
1905	묻다(수동 : 물음당하다)	1950	잊어버리다
1907	머물러있다	1951	칭하다
1908	모욕하다	1956	풀어주다
1909	당시, ~에 대해, 맡아, 맡겨, 대고, 대(대응할때), 부분에서, ~위에 ~위로, 옆에, ~대한, 을(를), ~(으)로	1959	책임지다
		1960	부지런히
		1961	계속머물다
		1964	거짓맹세하다
1910	타다	1967	일용할
1911	붙이다, (손 등을)대다	1968	임하다
1913	태우다(짐승 위에)	1971	심히원하다
1914	관심가지다	1974	구함
1915	조각(천에 쓰였음)	1975	도달하다
1918	장가들다	1976	꿰매다
1919	땅의것	1977	걸치다
1921	알다	1978	유명한
1922	앎	1979	식사거리

1980	돌아보다		2035	칠천(7,000)
1982	덮다		2036	간주하다
1984	돌봄받는직분		2037	에라스도
1987	잘알다		2038	일하다
1988	스승님		2039	성과
1992	편지		2040	일꾼
1994	돌아오다, 돌아오게하다, 돌아가다 (수동 : 돌아와지셔서), 뒤돌다		2041	행위
			2044	내뱉다
			2045	상고하다
1996	모으다		2046	권고하다
1998	함께달려모이다		2047	빈들
2001	강해지다		2048	광야(명), 한적한(형), 황폐한(형)
2003	분부		2049	황폐하다(수동 : 황폐해지다)
2004	분부하다		2050	황폐함
2005	완전히이루다		2051	분쟁하다
2007	엎다		2052	당지음
2008	꾸짖다		2053	양털
2010	허락하다		2054	분쟁
2012	청지기		2056	염소
2014	계속나타나다		2057	허마
2018	가져다주다		2059	통역하다
2019	소리질러듣게하다		2060	허메
2020	동트다		2062	벌레
2021	시도하다		2064	가다, 오다
2022	붓다		2065	요구하여묻다
2025	엎어바르다		2066	의상
2028	이름붙이다		2067	차림
2032	하늘위		2068	식사하다
2033	7, 칠		2073	저녁
2034	일곱번		2074	헤스론

2078	마지막	2123	(더)쉬운
2079	마지막으로	2126	경건한
2080	안에	2127	축복하다(수동 : 축복받다)
2081	안, 안으로는	2128	축복되다
2083	동료	2129	축복
2087	또다른 한명, 또다른 자	2132	합의하다
2089	여전히, 동안, 이미, 까지, 더 (이상), 아직, ~중에	2134	고자하다
		2135	고자
2090	준비하다	2137	형통하다
2092	준비하는	2144	받음직하게
2094	해, 년, 세(살)	2147	발견하다(수동 : 발견되다)
2095	잘했다, 잘	2149	폭넓은
2097	복음전하다	2156	존경받게
2098	복음	2158	존경받는
2101	굉장히기쁘시게하는	2159	유력하게
2103	얻어내다	2164	풍작이다
2104	귀족적인	2165	행복하다(수동 : 행복해하다)
2105	좋은날씨	2166	유브라데
2106	기뻐하다	2168	감사하다
2107	기쁘신뜻	2169	감사
2110	은인	2172	서원하다
2111	적합한	2176	왼쪽(단수), 왼편(복수), 왼쪽것(형대단수)
2112	곧바로		
2116	곧바르게하다	2178	단번에
2117	곧바로(부사), 곧바르게(형용사), 곧바른 것(형대)	2179	에베소
		2181	에베소
2119	기회있다	2182	도모하는 자
2120	기회	2183	반열
2121	기회의, 기회있는	2186	와서서다
2122	기회적으로	2187	에브라임

2188	열다(에바다)
2189	원수
2190	원수의, 원수된 (자)
2191	독사
2192	갖고있다, 가지다, 입다, 해주다, 쓰다(머리 등에)
2193	~까지, 때까지, 결국
2194	스불론
2195	삭개오
2196	세라
2197	사가랴
2198	살다 (분사 : 살아계신), 살아있다, 살아니다
2199	세베대
2200	열정있는
2201	한쌍
2204	열심내다
2205	열정, 질투
2206	경쟁하다
2208	셀롯
2210	잃다
2212	찾다, ~하려고 하다
2213	문제
2214	변론
2215	가라지
2216	스룹바벨
2218	멍에
2219	누룩
2220	부풀다
2221	사로잡다(수동 : 사로잡히다)

2222	생명
2223	띠
2224	띠띠다
2225	살려계대시키다
2226	생물
2227	살리다
2228	이나(or) 또는, 보다, 아니면, ~외에, 또한
2230	총독이다
2231	왕위
2232	총독
2233	인정하다
2234	흡족하게
2235	이미
2237	향락
2238	박하
2240	오다
2241	엘리(히브리어)
2243	엘리야
2244	키(신체키)
2246	태양
2247	못
2250	(복수)날마다, 기간, 낮, 일, 하루(단수), 날
2251	우리의
2253	반쯤죽음
2255	(절)반
2256	반시간
2257	우리의
2260	~보다

2264	헤롯	2309	원하다
2265	헤롯인	2310	기초
2266	헤로디아	2311	기초하다
2267	헤로디온	2316	하나님
2268	이사야	2318	하나님을존중하는
2269	에서(이름)	2319	하나님미워하는 (자)
2270	함구하다	2322	고침
2273	즉	2323	고치다(수동 : 고침받다)
2275	감소	2325	추수하다
2278	동일한소리나다	2326	추수, 추수할것
2279	동일한소리	2327	추수꾼
2280	다대오	2328	뜨겁게하다
2281	바다	2329	뜨거움
2283	다말	2330	여름
2284	놀랍게하다(수동 : 놀랍게되다)	2334	지켜보다
2285	놀라움	2335	구경
2286	독	2336	칼집
2288	죽음	2337	젖먹이다
2289	죽이다, 죽게하다	2338	여성
2290	장례하다	2339	덫
2292	담대하다	2340	책잡다
2293	담대하라(명령형)	2342	짐승
2296	기이히여기다	2343	쌓아두다
2297	기이한일	2344	보물
2298	기이한	2346	(수동 : 환난받다)
2300	눈여겨보다	2347	환난
2303	유황	2348	죽다
2305	신성	2349	죽을
2306	유황빛의	2350	(수동 : 웅성거리다)
2307	뜻	2351	소동

2352	누르다(수동 : 눌리다)		2395	의사
2353	집짐승		2396	오호!
2354	슬피울다		2397	형상
2355	슬픔		2398	자기자신(의)
2359	(머리)털		2400	(QS문장접두사)오!
2360	(수동 : 무서워지다)		2402	땀
2361	방울		2403	이세벨
2362	보좌		2405	제사장직
2363	두아디라		2406	제사장때
2364	딸		2407	제사장직무하다
2365	어린딸		2408	예레미야
2367	향나는		2409	제사장
2368	분향, 향		2410	여리고
2370	분향하다		2411	성전
2372	분(감정을 말함), 분노		2414	예루살렘
2373	노하다		2415	예루살렘인
2374	문(문짝이 있는 문)		2416	성물도둑질하다
2377	문지기		2418	성직수행하다
2378	제물		2419	예루살렘
2379	제단		2421	이새
2380	희생제사하다		2423	여고냐
2381	도마		2424	예수(님)
2382	흉배		2425	매우많은, 매우긴, 매우큰
2383	야이로		2429	습기
2384	야곱		2432	긍휼히받음
2385	야고보		2433	긍휼히받(아주)다
2390	낫다, 낫게하다(수동 : 나음받다)		2435	화목제물
2392	병고침		2436	긍휼이 임하시기를!
2393	다아아몬드		2437	일루리곤
2394	야손		2438	끈

2439	겉옷입다
2440	겉옷
2441	겉속옷
2443	~위하여, (~하기) 위함이다, (~하는) 것이, ~(하)도록, 곧, ~것(을), ~하려고
2444	어째서, 무엇때문에
2446	요단
2447	독성
2448	유다(지명)
2449	유대(지명)
2453	유대인
2455	유다(이름)
2456	율리아
2458	유니아
2461	마병
2462	말(동물)
2463	무지개
2464	이삭
2465	천사와똑같은
2466	잇사갈
2469	가룻
2470	똑같은, 똑같게
2474	이스라엘
2475	이스라엘인
2476 (†2476a)	서다(수동 : 서게되다), 세우다, 서있다
2478	더강하시며(비교급), 강한(자)
2479	기운
2480	강하다

2481	아마
2484	이두래
2485	생선
2486	물고기
2487	자취
2488	요담
2489	요안나
2491	요한
2495	요나
2496	요람
2498	여호사밧
2499	요세
2500	요셉
2501	요셉
2502	요시야
2503	점
2504	나도
2505	그대로
2507	내려버리다
2508	청결케하다
2509	그처럼, 것처럼
2511	깨끗하다, 깨끗하게하다
2512	정결
2513	깨끗한 (자)
2515	의자
2516	앉다
2517	차례로
2518	자다, 주무시다(높임말)
2520	타당하다
2521	앉다

2523	앉다		2563	갈대
2524	달아내리다		2564	부르다(수동 : 불리다, 부름받다)
2525	맡기다		2565	좋은올리브나무
2526a	꼭그대로		2570	좋은
2528	무장하다		2572	덮다(수동 : 덮이다)
2529	확실히보다		2573	좋게
2530	(~어떠)하기에		2574	낙타
2531	(그)대로, 것처럼, (그)같이		2575	용광로
2532	~과(와), ~도, 그래서, 그리고, 그러자, 또한, 그러면		2576	(눈을)감다
			2577	약해지다
2533	가야바		2578	꿇다
2537	새(new), 새것		2579	~한다해도, ~이라도
2538	새로움		2580	가나(지명)
2539	그럼에도		2581	가나안인
2540	때(카이로스), 한때(단수)		2584	가버나움
2541	가이사		2586	연기
2542	가이사랴		2588	마음
2544	~하였으나		2590	열매
2545	(불을) 켜다		2591	지도자
2546	거기,거기서		2592	열매맺다
2547	거기서도		2595	티
2548	그것들이(도), 그들에게도, 그도		2596	~으로, ~따라, ~대로, 거스르는, ~마다, ~따른, 씩, 대항하여
2549	악			
2550	악독		2597	내려오(가)다, (비)내리다
2551	악담하다		2598	쫓아버리다
2554	악행하다		2600	내리막
2555	악행하는 (자)		2601	내려가다(수동 : 내려가지다)
2556	나쁜 (것)		2602	창조
2557	행악자		2605	전하다
2560	나쁘게			

2606	비웃다		2649	심문하다
2608	꺾다		2651	혼자
2609	대다, 붙잡아놓다		2652	저주
2611	싸매다		2653	심히저주하다
2613	정죄하다(수동 : 정죄되다)		2656	손짓하다
2614	뒤따르다		2657	생각하다
2617	창피하다(수동 : 창피당하다)		2659	혼미
2618	태우다		2661	합당하게여기다
2620	과시하다		2662	밟다(수동 : 밟히다)
2621	기대어눕다		2665	휘장
2622	떼어내다		2666	삼키다
2623	감금하다		2668	도착하다
2625	뉘어앉다		2670	(수동 : 빠지다)
2627	홍수		2672	저주하다
2628	좇아오다		2673	파기하다
2629	내려찍다		2675	온전케하다
2630	밀어떨어뜨리다		2679	파내허물다
2631	정죄		2680	예비하다
2632	정죄하다		2681	깃들다
2634	주장하다		2682	보금자리
2637	비방하는 (자)		2690	둘러엎다
2638	잡아내다		2694	이송하다
2640	남겨진 자		2695	대적살해하다
2641	떠나다, 남기다		2696	봉인하다
2642	돌로찍다		2698	안치하다
2643	화목		2705	입맞추다
2644	화목하다		2706	경히여기다
2646	여관		2708	바르다(기름같은 것을)
2647	무너뜨리다, 융합하다		2711	시원하게하다
2648	생각해보다		2713	반대편, 앞에서

2715	권세부리다	2759	쏘는 것
2716	실행하다, 실행시키다	2760	백부장
2718	당도하다	2762	획
2719	먹어버리다	2763	토기장이
2720	평탄케하다	2764	토기의
2722	차지하다	2765	동이
2723	고소하다	2766	기와
2724	고소할증거	2767	섞어붓다
2725	고소자	2768	뿔
2727	교육하다(수동 : 교육받다)	2769	쥐엄열매
2729	이기다	2770	얻다
2730	살다	2772	잔돈
2731	거처	2773	잔돈바꾸는자
2732	처소	2775	머리에상처내다
2736	아래로	2776	머리
†2736	그아래로	2778	머리세
2738	태움	2779	동산
2739	태우다(수동 : 태워지다)	2780	동산지기
2742	뜨거움	2781	벌집
2744	자랑하다	2782	전파
2745	자랑거리	2784	전파하다(의미 : 복음을)
2746	자랑	2785	큰물고기
2747	겐그레아	2786	게바
2748	기드론	2787	방주
2749	놓이다	2788	하프
2750	베	2789	하프연주하다
2751	깎다(금액을 낮추어서 줄이는 것)	2790	하프연주자
2753	명하다	2792	계피
2756	거저	2793	위험하다(수동 : 위험해지다)
2758	헛되게하다	2794	위험

2795	움직이다	2835	고드란트
2796	움직임	2836	태, 배 : 몸의일부분
2798	가지	2837	잠자다
2799	울다	2838	자는 것
2800	떼심	2839	대중적인, 부정한
2801	조각(음식에 쓰였음)	2840	더럽히다
2805	울음	2841	참여하다
2806	떼다	2842	동참
2807	열쇠	2844	참여함, 참여자
2808	닫다(수동 : 닫히다)	2845	잠자리
2809	도둑질	2847	붉은(것) (옷) (색)
2810	글로바	2848	한 알
2812	도둑	2851	형벌
2813	도둑질하다	2852	매로때리다
2814	접붙인가지	2853	묻다(먼지 등이)
2816	상속하다, 상속받다	2854	안약
2817	상속	2855	돈바꾸는자
2818	상속자	2856	감하다(수동 : 감해지다)
2819	제비돌	2859	품
2821	초청	2861	연못
2822	초청한 (자), 초청된	2865	받아내다
2823	아궁이	2866	더개선됨
2824	구역	2867	회칠하다(수동 : 회칠되다)
2825	침대	2868	먼지
2826	침상	2869	멎다
2827	눕다	2872	수고하다
2828	떼	2873	괴로움
2829	도둑질	2874	거름
2830	밀려옴	2875	가슴치다, (나무)내려치다
2832	글로바	2876	까마귀

2877	소녀
2878	예물
2882	고린도
2884	220리터(220L)
2885	꾸미다(수동 : 꾸며지다)
2889	세상
2890	구아도
2892	경계병
2894	바구니
2895	요(이브자리를 말함)
2896	소리지르다
2897	방탕
2898	해골
2899	자락
2901	강하다(수동 : 강해지다)
2902	붙잡다
2903	최고권자(호격최상급)
2904	힘
2905	소리치다
2906	소리지름
2907	고기
2910	달다(수동 : 달려있다, 달리다)
2911	비탈
2915	보리
2916	보리의
2917	판결
2918	백합화
2919	심판하다(수동 : 심판받다), 결정하다
2920	심판

2923	재판관
2925	두드리다
2927	은밀한, 은밀한 것, 은밀한 곳
2928	감추다
2929	수정처럼환하다
2930	수정(보석종류)
2932	가지다
2933	재물
2934	가축, 소
2936	창조하다
2937	피조물
2938	창조물
2939	창조자
2942	선장
2943	둘린, 둘레(에)
2944	둘러에워싸다
2945 (†2945)	주위(에), 두루
2947	뒹굴다
2948	불구된 (자)
2949	물결
2951	근채
2952	개
2955	굽히다
2956	구레네(인)
2960	주님의
2961	주관하다
2962	주인, 주님, 주
2965	개
2967	금하다

2968	마을		3005	극소수
2969	성과 마을		3006	순탄한
2970	방종		3007	모자라다
2971	하루살이		3008	봉사하다
2974	귀먹은 (자)		3009	봉사
2975	제비뽑히다, 제비뽑다		3011	맡은자
2976	나사로		3012	흰수건
2977	가만히		3014	문둥병
2978	폭풍		3015	문둥병자
2980	얘기하다, 얘기하게하다		3016	렙톤
2981	얘기		3017	레위
2982	라마(아람어)		3018	레위
2983	받다		3019	레위인
2985	등불		3021	희게하다
2986	환한		3022	흰, 희게, 하얀
2988	호화롭게		3023	사자
2989	비추다		3025	포도주틀
2990	모르게하다		3026	우화
2991	바위에판		3027	강도
2992	백성		3029	심히
2993	라오디게아		3030	유향
2995	목구멍		3031	향로
2998	파다		3034	돌던지다
2999	충성		3035	돌로된
3000	충성하다		3036	돌로치다
3001	채소		3037	돌
3002	렙바이오스		3038	돌포장
3003	군대		3039	깨뜨리다
3004	~라 하는, ~말로, 말(씀)하다		3041	호수
†3004	말(씀)하다, (말씀)하다		3042	흉년

3043	심지, 면옷	3097	박사
3045	맛있는	3098	마곡
3046	327그램(g)	3100	제자되다
3049	여기다	3101	제자
3050	말씀의	3105	미치다 (정신이상으로 인한 것을 의미)
3051	말씀		
3053	통념	3106	복있다하다
3056	말, 말씀	3107	복있다
3057	창	3108	복(福)
3058	욕설퍼붓다	3109	마게도냐
3061	전염병	3112	멀리(서)
3062 (†3062)	남은 (자) (것), 나머지	3113	멀리서
		3114	참다
3063	이후로는	3115	참으심
3066	누기오	3117	길게, 먼
3068	목욕하다	3119	약한것
3074	늑대	3120	부드러운
3076	근심하다(수동 : 근심되다)	3123	더욱
3077	근심	3124	말고(사람이름)
3078	루사니아	3126	돈
3081	해결되다	3128	므낫세
3083	대속물	3129	배우다
3084	대속하다	3131	만나
3085	대속	3135	진주
3087	등잔대	3136	마르다(사람이름)
3088	등잔	3137	마리아
3089	풀다(수동 : 풀리다)	3139	옥석
3091	롯	3140	증거하다
3093	막달라	3141	증거
3094	막달라	3142	증거

3144	증인	3193	꿀의
3145	깨물다	3195	다가오다, ~할(하려는) 것이다, ~될 것이다
3146	채찍질하다		
3148	채찍통증	3196	신체
3149	가슴	3199 (†3199)	고려하다
3153	허무		
3154	허무하다	3201	흠잡다
3155	헛되이	3303	정말(로)
3156	마태	3304	오히려
3157	맛단	3305	하지만
3162	칼	3306	머물다
3164	싸우다	3307	나누다
3167	큰일	3308	염려
3168	위엄	3309	염려하다
3170	크게하다	3310	영역
3173	(더)큰	3312	나누는자
3175	관료	3313	참여함, 지방, 부분
3177	번역하다(수동 : 번역되다)	3317	밤중
3178	취함	3319	한가운데
3179	옮기다	3321	공중
3181	지경	3322	중간이되다
3182	만취하다	3323	메시야
3183	아기	3324	가득한
3184	취하다(술취하는 것을 말함) (수동 : 취해지다)	3326	후, 함께, ~으로, ~가지고, 함께있는, ~되도록, 째
3185	더욱	3327	옮겨가다
3187	더큰 (자)	3330	나눠주다
3189	검게, 검은	3332	이동하다
3191	전심전력하다	3337	함께바꾸다
3192	꿀	3338	뉘우치다

3339	변형하다(수동 : 변형되다)	3383	말아라!(명령), 아니하고 (3383a3383b:a도 않고 b도 않고), ~할 조차
3340	회개하다	3384	어머니
3341	회개	3385	아니지 않느냐
3342	사이(에(서))	3388	모태
3349	되새기다	3391	하나, 1
3350	이주	3392	부정하게하다
3353	동업자	3395	섞은것
3354	측정하다	3396	섞다
3355	통	3397	조금
3358	분량	3398	작은 (자), 잠시
3359	이마	3400	천걸음(1,000걸음)
3360	까지	3404	미워하다(수동 : 미움받다)
3361	AD아니하여, QT않았다(부가의문문), 말다(명령문), 못하다	3407	품꾼
		3408	보상
		3409	고용하다
3366	~도 말(아)라	3411	고용한 (자)
3367	아무에게도 ~않다, 아무(것)도 ~말(아)라, 어떤 것도 ~말(아)라	3413	미가엘
		3414	므나
		3415	기억나다
3371	더이상 ~않다 (없다, 말다, 못하다)	3417	기억남
		3418	굴무덤
3372	길이	3419	무덤
3373	길어지다	3421	기억하다
3376	달, 개월, 월	3422	기억
3377	알리다	3423	약혼하다(수동 : 약혼되다)
3379	않도록, 않기 위함이다, ~한 것이 아닌가	3424	간신히말하는 (자)
3380	아직 ~않다	3425	겨우
3381	어찌하든지~(않다)	3426	항아리
3382	넓적다리		

3428	간음하는		3478	나사렛
3429	간음하다		3479	나사렛의
3430	간음		3480	나사렛인
3431	간음하다		3482	나다나엘
3432	간음하는 자		3483	그렇다
3433	간신히		3484	나인
3435	검게하다		3485	성전
3438	거할 곳		3487	나드
3439	독생한		3488	나깃수
3440	오직, ~(뿐)만		3492	선원
3441	오직, (나)만		3495	청년
3442	외눈의		3497	나아만
3444	형체		3498	죽은 (자)
3446	형태		3499	죽게하다(수동 : 죽게되다)
3448	송아지		3500	죽게됨
3451	음악가		3501	새로운
3455	으르렁거리다		†3501	(더)젊은 (자)
3457	맷돌의		3502	젊음
3458	맷돌		3503	소년기
3459	맷돌		3506	머리짓하다
3461	수만(명), 만(10,000)		3507	구름
3462	향유붓다		3508	납달리
3463	일만(10,000)의		3510	동기
3464	향유		3514	실짜다
3466	비밀		3516	어린아이
3471	맛잃다		3517	네레오
3474	미련한 (놈,자)		3520	섬
3475 (†3475a)	모세		3521	금식
			3522	금식하다
3476	나손		3523	굶겨, 굶은

3528	이기다	3572	찌르다
3530	니고데모	3573	졸다
3531	니골라	3575	노아
3534	승리	3577	등(신체의 일부)
3535	니느웨	3581	나그네(AP)
3536	니느웨인	3582	물주전자
3537	대야	3583	마르게하다 (수동 : (손 등이)마르다)
3538	씻다		
3539	통찰하다	3584	(손 등이)마른 (것), 마른 자
3542	꼴	3585	통나무로된
3543	생각하다	3586	통나무
3544	율법사	3588	관사(D), 여자, 아들, 일부, 있는, 곧, 일
3546	동전		
3547	율법사	3589	80, 팔십
3548	율법두심	†3589	84, 팔십사
3551	(율)법	3590	(서수) 제 8, 여덟째, 여덟번째
3553	질병(하나님의 자녀에게 오는)	3592	그녀에게, 그것들을
3554	질병	3593	여행하다
3555	새끼	3594	인도하다
3556	새끼	3595	인도자
3558	(단수)남쪽, (복수)남방, 남편	3597	여정
3560	권면하다	3598	길
3562	지각있게	3599	이(이빨)
3563	지각	3600	극히고통하다
3565	신부	3601	극한고통
3566	신랑	3602	통곡
3567	신랑집	3604	웃시야
3568	지금(은)	3605	냄새나다
3570	이제는	3606	곳에서
3571	밤	3608	이불보자기

3610	집하인		3658	승객
3611	동거하다		3660	맹세하다
3614	집		3661	한마음으로
3615	식구		3662	비슷하다
3617	집주인		3664	비슷한
3618	짓다		3666	비슷하게여기다 (수동 : 비슷하게여겨지다)
3619	(영적)건물,		3667	비슷한모양
3621	말씀보유하다		3668	비슷하게
3622	말씀보유직		3670	공언하다
3623	말씀보유자		3674	같이
3624	집		3676	그럼에도
3625	천하		3677	꿈
3627	자비베풀다		3678	어린나귀
3628	자비		3679	욕하다
3629	자비로운		3680	욕
3630	애주		3681	부끄러움
3631	포도주		3684	나귀의
3633	인식하다		3686	이름
3634	것으로써		3687	이름하다
3636	지체하는		3688	나귀
3638	8, 팔		3689	진짜
3640	믿음적은 (자)		3690	신포도주
3641	적은 (자), 조금(만)		3691	날카로운
3646	번제물		3693	뒤에(서), 뒤로
3650	온, 전부, 온전히, 전체의		3694	뒤(에)(서), 뒤로, 뒤쫓아
3652	올름바		3696	무기
3653	과일		3698	~할 적에
3654	전혀		3699	그곳(에)(에서), 어디로, 곳(에)(으로)
3655	소나기			
3656	이야기주고받다			

3700	이상으로보다	3738	춤추다
3701	이상	3739	일부, 한명, ~한 자, ~인, 그분, 이들
3702	구운		
3703	익은과일	3740	언제든지
3704	~하도록, ~려고, 그러므로, 그럼으로써	3741	성결한
		3742	성결
3705	환상	3744	냄새
3706	환상	3745	일들, 것들, 만큼, 자마다
3708	살펴보다, 보다	3747	뼈
†3708	보다	3748	누구든지, (관대), 곧, 자들(도)
3709	진노	3751	허리(둘레)
3710	화내다	3752	~때에는, (~할)때, 땐
3714	산골	3753	~때
3715	음욕	3754	~다고, (곧) ~한 것(을), ~기에, ~라고, ~라니, ~한 것이다
3719	새벽에모이다		
3720	새벽의	3756	아니다, 아닌, ~말(아)라, 없다, ~못하다
3721	새벽일찍		
3722	새벽	3757	곳, 아니한
3723	옳게	3758	아하!
3724	정하다	3759	화있다, 화
3725	지역	3760	아닌, 아니다
3726	맹세로말하다	3761	아니하다, 않다, ~도
3727	맹세	3762	아무데도~않다(없다), 하나도 아닌, 아무(것)도(어떤것(자)도) ~없다(않다)(못하다)
3729	달려들다		
3731	달려듦		
3732	새		
3733	암탉	3763	전혀~아니다, ~적이 없다
3735	산	3764	(~한) 적이 없는
3736	파다	3765	더이상~않다
3737	고아(의)	3766	그러면

3767	그런즉
3768	아직~아니다, 아직 ~ 못하다.
3769	꼬리
3770	하늘의 (형)
3772	하늘
3773	우르바노
3774	우리야
3775	귀
3776	재산
3777	이나(nor), 도
3778	이, 이것은, 이일, 이자는, 이말(씀), 이런(일), 이러한, 그녀, 이렇게
3779	이같이
3780	아닌
3781	빚진자
3782	빚
3783	빚
3784	빚지다,의무를지다
3785	마땅하도다!
3788	눈
3789	뱀
3790	낭떠러지
3791	괴롭히다(수동 : 괴롭힘당하다)
3793	군중
3795	먹을생선
3796	저물게
3798	저문
3799	외모
3800	댓가

3802	올무씌우다
3803	올무
3804	영적인시련
3806	욕정
3808	어린이
3810	징계자
3811	징계하다
3812	아이적
3813	아이
3814	어린여종
3816	아이, 하인
3817	갈겨치다
3819	벌써
3820	낡은(것), 옛(것)
3821	옛것
3822	낡다(수동 : 낡아지다)
3824	재창조
3825	다시, 또한
3826	일제히
3827	많고많은
3829	숙박업소
3830	숙박업소주인
3833	전신갑주
3834	간계
3836	사방에서
3837	곳곳에서
3838	조금도
3840	사면으로
3841	전능자
3842	항상

3843	분명히	3879	구부리다
3844	널리, ~에게, ~에게서, ~보다, 곁에, ~에게는, ~외의, 을(를)	3880	데리고(데려오다), 데려가다
		3882	해안
3845	범하다	3885	중풍병자
3846	비교하다	3886	중풍병들다
3847	범법함	3888	위로하다
3848	범함	3899	지나가다
3849	요청하다	3900	과실
3850	비유	3904	예비일
3853	명령하다	3906	살펴지키다
3854	오다	3907	관찰
3855	지나가다	3908	내주다
3856	들추어내다	3911	가져가옮기다
3857	낙원	3916	즉시
3858	확실히영접하다	3917	표범
3860	넘겨주다(수동 : 넘겨지다)	3918	있다
3861	영광스러운 일	3922	곁에들어오다
3862	전통	3924	~없이
3863	시기나게하다	3925	진영
3864	해변	3928	지나가다
3868	사양하다	3929	간과
3869	가까이앉다	3930	하다, 가하다
3870	권하다	3932	출가
3871	은폐하다	3933	처녀
3873	놓여있다	3936	곁에서다, 곁에서게하다, 시중들다
3874	권면		
3875	보혜사	3939	우거하다
3876	복종치않음	3942	은유
3877	가까이따르다	3945	유사하다
3878	흘려듣다	3946	유사한

3949	노엽게하다	3995	장인
3952	와서함께하심	3996	애통하다
3953	사발	3997	애통
3954	밝히드러냄	3998	극빈한
3955	밝히드러내다	4000	(5,000)오천 (명)
3956	모든 (자), 모두, 전부	4001	500, 오백
3957	유월절	4002	5, 다섯
3958	고난받다	4003	(서수) 15째, 열다섯번째
3960	치다	4004	50, 오십
3961	짓밟다	†4004	53, 오십삼
3962	아버지	4008	건너(로)
3963	밧모	4009	끝
3965	족속	4010	버가모
3968	고향	4012	~에 대하여, ~에, 주변에(을), 즈음에
3969	바드로바		
3972	바울	4013	두루다니다
3973	그치다	4016	입다, 입히다
3975	완악하다	4017	둘러보다
3976	쇠고랑	4019	싸다
3977	평평한	4023	지배하다
3979	도보로	4024	띠두르다(수동 : 띠둘려지다)
3982	확신시키다, 확신하다	4026	둘러서다
3983	배고프다	4028	가리다(신체를)
3985	시험하다(수동 : 시험받다)	4029	매달다
3986	시험	4032	감추고있다
3989	깊음	4033	에워싸다
3990	목자르다	4036	심히근심하다
3991	다섯째	4039	근처에사는
3992	(사람)보내다 : 데리러	4040	이웃
3994	장모, 시어머니	4043	걷다, 걸어다니다

4045	굴복하다
4049	산만하다
4050	남음, 남아넘침
4051	가득한것
4052	남다, 남아넘치다
4053	더많이, 더많은 것
4054	(더)넘치게
4055	(더)나은 자
4056	더욱더
4057	엄청나게
4058	비둘기
4059	할례하다
4060	두르다
4061	할례
4063	돌아다니다
4064	메고오다
4066	주변지방
4069	버시
4071	새(의)
4072	날아가다
4073	바위
4074	베드로
4075	돌밭
4076	운향
4077	샘
4081	진흙
4082	가방
4083	규빗(자), 45cm
4084	잡아들이다
4085	누르다(수동 : 눌리다)

4087	쓰게하다(맛 등을)
4088	폭언
4090	심히
4091	빌라도
4093	서판
4094	쟁반
4095	마시다
4096	진액
4097	팔다
4098	엎드리다, 무너지다, 떨어지다
4100	믿다
4101	순수한
4102	믿음
4103	믿음있는, 믿을만한
4105	미혹하다(수동 : 미혹되다)
4106	미혹
4107	미혹하는
4108	미혹하는 자(형대)
4110	조성물
4111	조성하다
4113	큰거리
4114	넓이, 너비
4115	넓게하다
4116	넓은
4118	가장많은
4119	더많은, 더많이, (더)중한
4120	엮다
4121	많게되다
4124	탐욕
4125	옆구리

4126	행선하다		4161	만든 것
4127	매, 재앙		4163	행함, 행하는 자
4128	무리		4164	여러가지
4129	(수동 : 많아지다)		4165	목양하다
4130	가득차다(수동 : 가득채워지다)		4166	목자
4132	가득참		4167	양떼
4133	그럴지만, 그러나, ~밖에, ~만		4168	양무리(영적인 양)
4134	가득찬		4169	무슨, 무엇, 몇, 어느
4135	확실히이루다		4170	전쟁하다
4137	성취하다		4171	전쟁
4138	기운것, 성취한것, 성취		4172	성
4139	이웃, 이웃하는		4177	시민
4141	강타하다		4178	자주
4142	작은배		4179	여러 배
4143	배		4180	많은말
4145	부유한 (자)		4183	많은 (자)들, 많은 것들, 많이
4147	부유하다, 부유하게하다		4185	매우비싼
4149	부유함		4186	값비싼
4150	빨다(옷 등을)		4189	악함
4151	영		4190	악한, 악한 자
4152	영적인		4192	아픔
4153	영적으로		4194	본디오
4154	불다		4197	여행
4155	목잡다		4198	가다, 진행하다
4158	발에끌리는 (것)		4202	음행
4159	어떻게, 어디서났느냐, 어디에(서)		4203	음행하다
			4204	창녀
4160	행하다, 만들다, (열매 등을)맺다, (결혼식 등을)베풀다, 하다, 피우다		4205	음행하는 자
			4206	멀리
			4207	멀리서

4208	더멀리	4246	노인
4209	자주색옷	4250	전에
4210	자주색	4252	브리스가
4212	몇번	4253	전에
4213	마시는것	4254	앞서가다
4214	얼마나, 얼마나 크겠느냐, 몇 (개)	4256	죄목선언하다
4215	홍수(복수), 강들(복수) 강(단수)	4259	앞뜰
4216	떠내려가는	4260	더가다
4217	(의문대)어떠한자, 어떠한지	4261	싹트다
4218	언제(라도), 언제든지	4262	양문
4219	언제	4263	양
4220	~인지	4264	사주받다
4221	잔	4266	전에이루다
4222	마시게하다	4267	미리알다
4225	어디, 어디쯤	4270	전에기록하다
4226	어디, 어디서, 어디~곳	4272	미리주다
4228	발, 양발	4273	배반자
4229	사항	4279	미리약속하다
4231	장사하다(상업적)	4281	먼저가(오)다
4232	관정	4282	앞서준비하다
4233	담당자	4284	앞서다
4234	하는일	4285	먼저인정하다
4235	온유한	4286	예정
4237	그룹	4289	소원하는
4238	하다	4291	지도하다
4239	온유한 (자)	4298	깊게나아가다
4241	합당하다	4301	미리준비하다
4242	사신	4304	미리연구하다
4244	장로	4305	미리염려하다
4245	장로, (더)어른된	4306	공급하다

4307	구상		4348	부딪침
4308	미리말하다		4350	부딪치다(수동 : 부딪히다)
4309	미리정하다		4351	굴리다
4311	전송하다		4352	예배하다
4313	앞서가다		4353	예배자
4314	에게, ~도록, ~에, ~으로, ~하려고, ~에 대해, 향하여, 앞에(는), ~와(과), 께의		4355	다가가다, 다가오다
			4356	다가감
			4357	앞에머무르다
4315	안식일전날		4358	진입하다
4317	인도하여오다, 인도하여가다		4363	앞에엎드리다
4318	나아감		4364	앞장서다
4319	구제구하다		4365	앞에오다
4320	올라가있다		†4366	맞닥뜨리다
4321	허비하다		4367	명하다
4325	비용들다		4368	보호자
4327	기다리다		4369	더하다(수동 : 더하여지다)
4328	기대하다		4370	달려오다
4329	기대		4371	먹을만한것
4331	곁에가까오다		4374	바치다(헌금, 사람)
4333	일하여만들다		4376	희생제사
4334	나아오다		4377	부르다
4335	기도		4379	건들다
4336	기도하다		4382	외모로취하심
4337	조심하다		4383	얼굴, 앞, 표면
4339	개종자		4386	이전에
4340	잠깐만		4388	예정하다
4341	부르다		4390	향해달려가다
4342	대기하다		4391	전에있다
4344	베개		4392	외식
4347	합하다		4393	가져다놓다

4394	예언	4437	수시로
4395	예언하다	4439	출입문(문짝이 없는 열린문)
4396	선지자	4440	대문
4397	선지자의	4441	질문하다
4398	여선지자	4442	불
4399	앞지르다	4444	망대
4403	선미갑판	4445	열병앓다
4404	새벽에	4446	열병
4405	새벽	4447	불빛의
4407	새벽(의)	4448	불타올라지다
4410	높은자리	4449	불타오르다
4411	상석	4450	불타오르는색의
4412	첫번째로	4451	불타올라짐
4413	첫번째(로), 첫째 날, 첫째, 먼저	4453	팔다
4416	첫번째자녀인, 첫번째아들이신(예수님)	4454	(나귀)새끼
		4455	언제고
4417	떨어져버리다	4456	완악하다(수동 : 완악해지다), 완악하게하다
4418	발꿈치		
4419	꼭대기	4457	완악함
4420	날개	4458	어찌하든지
4422	깜짝놀라다	4459	어떻게, 얼마나
4425	키	4461	랍비
4427	침	4462	대랍비
4428	두루말아덮다	4464	지팡이
4429	침뱉다(수동 : 침뱉음당하다)	4469	라가
4430	시체	4470	천(옷만드는 재료를 말함)
4431	무너짐	4471	라마
4432	가난	4474	손으로치다
4434	가난한 (자)	4475	손으로침
4435	매번	4476	바늘

4477	라합		4530	살렘
4478	라헬		4531	흔들다(수동 : 흔들리다)
4479	리브가		4533	살몬
4482	흘러내다		4535	파도
4483	선포하다		4536	나팔
4485	파괴		4537	나팔불다
4486	터뜨리다		4538	나팔부는자
4487	선포된말(씀), 증언(의역)		4539	살로메
4491	뿌리		4540	사마리아
4496	던져놓다		4541	사마리아인(남자)
4497	르호보암		4542	사마리아인(여자)
4501	말씀칼(영의 칼을 의미)		4547	샌들
4502	르우벤		4550	못된
4503	룻		4552	사파이어
4504	루포		4554	사데
4505	거리		4555	루비
4506	건지다(수동 : 건져지다)		4556	루비
4510	불결하다, 불결하게하다		4557	사더닉스
4511	유출		4558	사렙다
4513	로마		4559	육체의
4514	로마인		4560	육신적인
4515	로마어		4561	육체
4516	로마		4563	소제하다(수동 : 소제되다)
4518	사박다니(아람어)		4564	사라
4519	만군		4567	사탄
4521	(복수)안식의 날, (단수)안식일		4568	스아
4523	사두개인		4570	끄다(수동 : 꺼지다)
4524	사독		4572	(재귀대명사)너자신, 그자신
4526	베옷		4573	숭배하다
4528	스알디엘		4576	존중하다

4578	지진	4625	실족
4579	진동하다	4626	파내다
4582	달	4628	다리(신체 일부)
4583	간질하다	4632	그릇
4585	밀가루	4633	성막
4591	표적화시키다	4634	성막절
4592	표적	4636	장막
4594	오늘	4637	장막쳐거하다
4596	비단	4639	그늘
4597	좀(곤충)	4640	뛰놀다
4600	뺨	4641	꺾이지않는 마음
4601	조용하다	4642	꺾이지않는
4602	잠잠함	4643	고집
4603	철로된	4645	강퍅케하다
4604	철	4646	굽은 것(형대)
4605	시돈	4648	성찰하다
4608	독주	4650	흩어버리다
4611	실로암	4651	전갈
4613	시몬	4652	어두운
4615	겨자	4653	어둠
4616	세마포	4654	어둡게하다(수동 : 어두워지다)
4617	까부르다	4655	어두움
4618	살진	4656	어두워지게하다
4619	살진 것	4659	어두운안색의
4620	한끼분량	4660	고생시키다(수동 : 고생되다)
4621	밀	4661	고생
4622	시온	4663	구더기
4623	잠잠하다(수동 : 잠잠해지다)	4664	에머럴드의
4624	실족게하다, 실족하다 (수동 : 실족되다)	4665	에머럴드
		4666	몰약

4667	서머나	4712	스타디온(184m)
4668	서머나	4714	민란
4669	몰약섞다	4715	한세겔
4670	소돔	4716	십자가
4672	솔로몬	4717	십자가에못박다
4673	관	4718	포도
4674	당신의(것), 너의(것), 너희(것)	4719	이삭
4676	수건	4720	스다구
4677	수산나	4721	지붕
4678	지혜	4723	불임인
4680	지혜로운 (자)	4726	탄식
4681	스페인	4727	탄식하다
4682	경련일으키다	4728	좁은
4683	강보로싸다	4730	압박감
4685	빼내다	4735	왕관
4686	중대(군대관련)	4738	가슴
4687	씨뿌리다	4739	굳게서다
4688	경호원	4741	굳게하다(수동 : 굳어지다)
4690	씨, 자손	4743	순식간
4692	애쓰다	4744	광채나다
4693	굴	4745	행각
4697	불쌍히여기다	4746	잔가지
4698	심정	4748	좇다
4699	해면스펀지	4749	깨끗한옷
4700	재	4750	입
4702	밀밭	4753	군사
4703	파종씨	4754	군생활하다
4709	간절히	4755	상관
4710	부지런함	4756	군단
4711	광주리	4757	군인

4760	군병		4809	돌무화과나무
4762	돌아서다(수동 : 돌아서지다)		4810	무화과
4763	사치하다		4811	가로채다
4764	사치		4814	대화하다
4765	참새		4815	수태하다, 잡다
4766	펼치다		4816	골라내다
4768	흐리다		4817	동의하다
4769	기둥		4818	함께근심하다
4771	너, (복수)너희, 여러분		4819	발생하다
4772	친척(가족외)		4820	한데모으다
4773	친족(가족포함)		4823	결의하다
4775	함께앉다		4824	결의
4776	함께앉다		4825	뜻을같이하는자
4779	불러모으다		4826	시므온
4780	위장하다		4827	동료제자
4781	굽다		4828	함께증거하다
4784	같이하다		4832	함께하는형체로(써)
4788	포획하다		4836	함께오다
4789	공동상속자		4837	모두권면하다
4790	동참하다		4841	함께고난받다
4791	함께참여한 자		4844	함께마시다
4794	꼬부라지다		4845	함께당면하다 (수동 : 함께당면되다)
4795	우연			
4796	함께기뻐하다		4846	막다
4798	상종하다		4848	동행하다
4800	함께살다		4849	모임
4801	짝지어주다		4851	유익하다
4802	문의하다		4852	시인하다
4807	뽕나무		4854	함께난 (자)
4808	무화과나무		4855	함께자라다

4856	합심하다	4905	함께하다	
4858	풍류	4906	함께식사하다	
4862	(~와) 함께	4907	현명함	
4863	모으다(수동과거 : 모였다)	4908	현명한(자)	
4864	회당	4909	옳게여기다	
4865	함께힘쓰다	4912	사로잡다(수동 : 사로잡히다)	
4867	참석하다	4913	함께즐거워하다	
4868	결산하다	4914	관습	
4869	동료포로	4916	함께장례하다	
4870	함께따르다	4917	깨다(수동 : 깨지다)	
4872	함께올라오다	4918	함께환난주다	
4873	함께앉다	4920	깨닫다	
4875	함께쉬다	4921	함께서다, 함께세우다, 함께서게하다	
4876	만나다			
4877	만남	4923	동행	
4878	협력해돕다	4928	곤고	
4879	완전히잡아끌고가다	4929	명하다	
4880	함께죽다	4930	종말	
4884	포로삼다	4931	다끝마치다	
4885	함께자라다	4932	끝나다	
4888	함께영광돌리다 (수동 : 함께영광받다)	4933	보존하다(수동 : 보존되다)	
		4934	공모하다	
4889	동료종	4936	함께달려가다	
4892	공회	4937	상하게하다, 부러뜨리다(수동 : 부러지다), 부수다(수동 : 부서지다)	
4893	양심			
4895	함께있다			
4896	모여들다	4938	파멸	
4897	함께들어가다	4940	함께누리다	
4903	함께역사하다	4944	함께산통하다	
4904	동역하는 (자)	4947	수리아	

4948	수리아인	5006	한달란트같은
4949	수로보니게	5007	달란트
4951	당기다	5009	골방
4952	전신경련일키다	5010	직무
4953	신호	5011	겸손한 (자)
4955	폭동	5013	낮추다(수동 : 낮아지다)
4957	함께십자가에못박히다	5014	낮음
4959	함께탄식하다	5015	요동하다(수동 : 요동되다)
4964	같은모양을갖다	5016	요동
4965	수가(지역이름)	5021	정해주다(수동 : 정해지다)
4967	도살	5022	황소
4969	도살하다(수동 : 도살당하다)	5027	묘지
4970	매우	5028	묘
4972	인치다	5029	혹여
4973	인(印)	5030	빨리
4977	갈라지게하다(수동 : 갈라지다)	5032	(더)급한
4978	갈라짐	5034	신속
4979	노끈	5035	속히
4980	틈있다	5036	속히
4982	구원하다	5037	그런데, 곧, 도
4983	몸	5038	성벽
4984	육체적인	5040	상속자녀
4987	쌓아올리다	5043	자녀
4989	소시바더	5045	목수
4990	구원자	5046	온전한
4991	구원	5048	온전케하다
4992	구원하심(형대)	5050	온전한이룸
4993	정신차리다	5052	끝까지열매맺다
5004	비참함	5053	사망하다(수동 : 사망하게되다)
5005	비참한 (자)	5054	사망

5055	끝마치다, 세금내다, 온전히지키다
5056	끝, 세금
5057	세금징수원
5058	세관
5059	이적
5060	더디오
5062	40, 사십
5064	4, 사
5066	4일째
5067	(서수) 4, 넷째, 네번째, 사분의일
5068	사각의
5070	사천(명)
5072	4개월
5073	4배
5074	네발짐승의
5075	4분봉왕이다
5076	4분봉왕
5078	기술
5079	직공
5081	선명하게
5082	그토록
5083	지키다
5085	디베랴
5086	디베료
5087	두다, 대다
5088	출산하다
5089	자르다
5090	디매오
5091	공경하다

5092	값, 존경
5093	보배로운
5094	보배
5095	디모데
5100	무엇, 어떤, 어떤자, ~(할)것, 일부, ~자, 씩, 누구도, 얼마
5101	누가, 누구, 무슨, 누구의것, 무엇, 어떻게, 얼마나, 왜
5102	패
5106	자! 이제
5108	이런(자) (일), 그만한, 이만큼
5110	이자
5111	담대하다
5112	(더)담대한
5115	활(쿠)
5116	토파즈
5117	장소
5118	이만한, 이정도, (그)만큼
5119	그때
5120	이것
5122	이름이 ~인자
5123	소위
5132	상(밥상을 말함), 은행
5133	은행업자
5134	상처
5135	상처나게하다
5137	목
5138	험난한 것
5139	드라고닛
5140	3, 삼

5141	떨다	5185	눈먼 (자)
5142	기르다	5186	멀게하다
5143	달려가다, 달려오다, 달리다	5188	(수동 : 꺼져가다)
5144	30, 삼십	5191	자주빛의
†5144	38, 삼십팔	5192	저신스
5145	300, 삼백	5193	유리의
5146	엉겅퀴	5194	유리
5147	험한길	5195	능욕하다(수동 : 능욕받다)
5149	악물다(이를 꽉 물때)	5197	모욕하는 자
5151	세번	5198	건강하다
5154	(서수) 삼(3), 셋째, 세번째, 삼분의일	5199	온전한
		5200	파릇파릇한
5155	머리털의	5201	물항아리
5156	떨림	5203	수종있는
5158	모양	5204	물
5160	음식	5205	단비
5165	그릇	5206	양자
5166	따다	5207	아들
5167	산비둘기	5212	너희의, 당사자
5168	틈새	5214	찬송하다
5169	틈새	5217	가다
5170	드루배나	5218	순종
5172	사치스러움	5219	순종하다
5173	드루보사	5220	남자아래있는
5176	먹어연합하다	5221	만나다
5177	당하다	5222	맞이함
5179	자국	5224	소유하다
5180	치다	5225	보유하다
5182	심란하다(수동 : 심란해지다)	5228	위하여, 위에, ~보다, 인하여, ~위한
5184	두로		

5236	지극함	5281	인내
5240	넘치다(수동 : 넘쳐지다)	5286	발판
5241	대신중보하다	5290	돌아가다, 돌아오다
5242	위에있다	5291	아래펼치다
5243	교만	5293	복종적이다
5244	교만한 자	5294	위하여내어놓다
5245	충분히이기다	5295	이후에
5248	더욱남아넘치다	5298	체류하다
5249	너무나	5299	휘어잡다
5252	높여생각하다	5301	우슬초
5257	사역자	5302	부족하다
5258	잠	5303	부족함
5259	~에게서, 아래(에)(서), ~로	5304	극빈함
5262	본(本)	5305	그후에
5263	가르치다	5307	짠 (것) : 실로 천 따위를 만드는 것
5264	모셔영접하다		
5265	(수동 : 신겨지다)	5308	높은 (것)
5266	신발	5309	마음높이다
5267	죄벌아래	5310	가장높은 (곳) (분)
5268	안장지운 짐승	5311	높음, 높은데, 높이
5270	아래(쪽에)	5312	높이다(수동 : 높아지다)
5271	위선하다	5313	높은 것
5272	위선	5314	탐식
5273	위선자	5315	먹다, 잡수시다(높임말)
5274	받아들이다	†5315a	먹어버리다
5275	겨우남다	5316	나타나다, 나타내다
5276	포도즙틀자리	5318	공개적인, 공개한 (것)
5278	견디다	5319	공개하다(수동 : 공개되다)
5279	위로부터생각나게하다 (수동 : 위로부터생각들다)	5320	공개적으로
		5322	횃불

5323	바누엘		5370	입맞춤
5326	유령		5376	빌립
5327	골짜기		5378	빌롤로고
5328	바로		5379	다툼
5329	베레스		5381	손님대접
5330	바리새인		5384	친구
5331	신접함		5387	우애하다
5332	신접자		5389	열렬히사모하다
5333	신접자		5392	잠잠케하다 (수동 : 잠잠케되다)
5335	피력하다			
5336	축사(가축을 기르는 건물)		5393	블레곤
5337	악한 (것)		5395	불꽃
5338	비침		5399	두렵다, 두렵게하다 (수동 : 두려워하다)
5339	아끼다			
5342	가져오(가)다, (누구를)데려오다, 가지고		5400	두려운 일
			5401	두려움
5343	도망하다		5402	뵈뵈
5345	소식		5404	종려나무
5346	들려주다		5406	살인자
5348	임하다		5407	살인하다
5349	썩는		5408	살인
5351	부패시키다		5409	입다, 쓰다(머리 등에), 소지하다
5353	말하는소리			
5355	시기(감정)		5411	식민세
5356	썩어짐		5412	짐지다
5357	대접		5413	짐
5359	빌라델피아		5416	채찍
5360	형제좋아함		5417	채찍질하다
5366	돈좋아하는(돈좋아함)		5418	산울타리
5368	좋아하다		5419	설명하다

5420	입막다	5467	사나운
5421	우물, 우물구덩이	5469	굴레
5426	생각하다	5470	동으로된
5427	생각	5472	캘서더니
5428	총명	5473	동그릇
5429	총명한	5474	빛나는구리
5430	총명하게	5475	동
5432	가져오다	5476	땅가까이
5437	도망	5478	가나안(형)
5438	감옥, 경(시간개념)	5479	기쁨
5440	말씀실천띠	5480	표
5442	지켜내다	5482	토성
5443	지파	5483	용서하다
5444	잎사귀	5484	~하므로
5445	덩어리	5485	은혜
5446	본성의, 본성적인	5486	은사
5449	본성	5487	은혜주다(수동 : 은혜받다)
5451	심음	5490	협곡
5452	심다	5491	입술
5453	나다(심은 것이)	5493	시내(구역을 의미)
5454	굴	5494	겨울
5455	소리내어부르다	5495	손, (복수)양손
5456	소리, 음성(사람, 귀신)	5499	손으로만든
5457	빛	5501	더심하게
5458	빛남	5503	과부, 과부된
5460	밝은	5504	어제
5461	밝게하다	5505	천(1,000)
5463	기뻐하다	5507	천(1,000)의
5464	우박	5506	천부장
5465	잡아내리다	5509	속옷

5510	눈(snow)	5552	금으로된, 금의
5511	통옷	5553	금
5513	미지근한	5555	크리솔라이트
5515	푸른 (것)(색깔을 말함)	5556	크리서프레이즈
5516	666	5557	금
5518	1.2L	5558	치장하다 (수동 : 치장되다)
5519	돼지	5560	저는자
5520	노여워하다	5561	지방
5521	쓸개	5562	수용하다, 수용되다
5522	흙	5563	가르다
5523	고라신	5564	토지
5525	춤	5565	외에, 없이(는), 따로
5526	배부르다(수동 : 배불리다)	5567	찬양하다
5528	풀	5568	찬양, 시편(의역)
5529	구사	5571	거짓된 (자)
5531	필요공급하다	5573	거짓되게말하는
5532	필요	5574	거짓되게말하다
5533	채무자	†5574	거짓되다
5535	필요하다	5575	거짓증인
5536	금전	5576	거짓증언하다
5537	지시하다(수동 : 지시받다)	5577	거짓증거
5538	지시받음	5578	거짓선지자
5540	사용	5579	거짓
5542	인자한말	5580	거짓그리스도
5543	인자한	5582	거짓말
5544	인자하심, 인자함	5583	거짓말쟁이
5547	그리스도	5584	만져보다
5548	기름붓다	5585	계산하다
5549	지체하다	5586	판결돌
5550	때(크로노스), 동안	5588	수군거리는 자

5589	부스러기
5590	영혼, 목숨
5592	차가움
5593	차가운 (것)
5594	차가워지다
5595	없는중에다주다
5596	작은조각
5597	비비다
5598	오메가
5599	오오!
5601	오벳
5602	여기
5603	노래
5604	산통
5605	산통하다
5606	어깨
5609	계란
5610	시간, 시(한)
5611	아름답게
5613	~한 대로, ~한 것같이, 같이도, ~하자, (~하는) 중에, 약, ~한 것(으로), 것, ~(자)로서의, ~하였지만, ~(되)자 , ~(하)면서, 같은
5614	호산나
5615	그와같이
5616	~처럼, 정도
5617	호세아
5618	~처럼

5620	~할 정도로, ~려고, 그럼으로써, 그러므로, ~하였으므로
5621	귓바퀴
5622	유익
5623	유익하다(수동 : 유익얻다)

스트롱코드	뜻
1067 3588 4442	불의 지옥불
1096 5613	~되자
1161 2532	또
1223 1438	그자체로
1223 2250	며칠만에
1223 3650 3588 3571	온밤내내
1223 3778	이러므로
1223 3778 1063	이렇기 때문에
1223 3956	계속
1437 3361	(만약)~ 않는다면, ~않고서
1437 5037	곧 비록~한다해도
1437 5100	누구라도
1487 1161 3361(†3361)	그렇지 않으면, 그렇지 못하면
1487 1161 3761	그렇지 않으면
1487 3361	~할 뿐이다, ~외에는, ~않는다면
1510 1537	~로 되다, ~로 되어있다
1519 1438	스스로, 자신에게
1519 1515	평안히
1519 2222 166	영원한 생명에 이르는
1519 240	서로에게, 서로
1519 3588 165	영원히
1519 3588 165 3588 165	영원 영원히
1519 3588 3838	조금도
1519 3588 4008	건너편으로
1519 3588 899	깊은데로
1519 5056	끝까지
1519 5101	무엇하러
1519 5117 2048(형)	한적한 장소로
1520 2596 1438	각자는

1520 2596 1520	한 명 한 명마다, 한 명 한 명씩
1537 1683	(1인칭 단수) 나자신
1537 2425	오래
1537 3588 5259 3772 1519 3588 5259 3772	하늘 아래 이편에서 하늘 아래 저편까지
1537 3772	하늘로부터(의)
1537 3778	이것으로
1537 5311	높은데서부터
1722 (3588) 2250(복수)	기간에
1722 (3588) 3772	하늘에 있는
1722 1438	속으로, 서로, 자신들끼리
1722 1515	평안히
1722 1565 3588 2250(단수)	그 날에
1722 1565 3588 2250(복수)	그 기간에
1722 1565 3588 5610	그 시간에
1722 240	(3인칭) 남(들)과, (2인칭) 서로에게, 서로, (1인칭복수) 서로(간에)
1722 2540(단수)	~때에
1722 3319	한가운데에, 한가운데서
1722 3391 3588 2250(복수)	어느 날에, 하루안에
1722 3588 1836 (2250)	그다음 날에
1722 3588 2250(단수) 3588 4521(단수,복수)	안식의 날에
1722 3588 2517	차례로
1722 3588 2540 3778	이 때에
1722 3588 2927	은밀히
1722 3588 3342	그 사이에
1722 3588 3568 2540	현재에
1722 3588 3686 1473	내 이름 안에서
1722 3588 3824	재창조시

1722 3588 3989		깊은데
1722 3588 5010		직무대로
1722 3588 5318		공개적으로
1722 3650 3588 1271		온 뜻으로
1722 3650 3588 2588		온 마음으로
1722 3650 3588 5590		온 영혼으로
1722 3778		이래서
1722 3956 2540		모든 때에
1722 5034		신속히
1722 5101		무엇으로
1722 846		거기서, 그것으로
1722 846 3588 2540		그 때에
1752 3778		이렇기에
1909 1438		스스로
1909 225		진리로
1909 3588 4114		넓게
1909 3588 839		다음날에
1909 3588 846		그 위에서
1909 3745		동안에
1909 3778		이 무렵
1909 3956 3778		이 모든것들 위에
1909 5550		그때에
1909 846		그리로
2193 302		~때까지
2193 3588 4594 2250		오늘 날까지
2193 3755		동안에, ~때까지
2193 4219		언제까지
2222 166		영원한 생명
2250(단수) 3778		오늘날
2526a 1163		해야하는 꼭그대로

2531	2532			~(것)과 같이
2532	1487			~할지라도
2596	1438			스스로
2596	1520	240		각각 서로에게
2596	2250			날마다
2596	2398			따로
2596	2540(단수)			때를 따라, 때맞춰
2596	3650	3588	4172	온 성마다
2596	3778			이런식으로
2596	444			사람식으로
2596	4572			자신만의 것
2596	4795			우연히
2596	5101			무엇으로
2596	5117			장소(들)에 따라
2596	5236			지극히
2596	5449			본성적인
302	3360	3588	4594	오늘까지도
3326	(1161)	3778		이후(에)
3326	1024			쪼금 후에
3326	1161	3778		이후에
3326	1417	2250		이틀 후
3326	1438			자신들과 함께
3326	240			(3인칭 복수) 남남끼리, (2인칭 복수) 너희끼리
3326	3397			조금 후
3326	3727			맹세로
3326	4710			부지런함으로
3326	5479			기쁨으로
3342	240(3인칭복수)			남들 사이에
3360	3588	4594		오늘까지
3361	1096			그렇지 않습니다!

3361 A 3383 B	B할 조차 A 없다
3361~ 3366~	~도 ~도 못하다
3398 5550	잠시 동안
3568 2540(단수)	현재(의)
3588 1519	에서의
3588 1722 3588 2927	은밀히 계신
3588 1722 3588 3772(복수)	하늘들에 계신
3588 2250 3588 5154	제3일에
3588 3584	마른곳
3588 4012	주변 사람들
3588 740 3588 4286	예정된 빵
3588 846(형대)	그처럼, 같은것
3588 932 3588 3772(복수)	하늘들의 왕국
3650 3588 2250	하루 종일
3699 1437	어디든지, 어디로~든지
3699 302	곳마다
3739 1437	(사람)만약 ~자, 무엇을 ~하든지, 무엇이든지
3739 302	~자마다, ~것마다
3739 3756	까닭이다
3739 5484	이러하므로
3745 302	무엇을~하든지, ~자마다, ~것마다
3748 302	누구든지 ~자마다
3756 1510	없다
3756 2531	~것과는 달리, ~것같지 않은
3756 3361	결코 아니다
3756 3440	뿐만 아니라
3756 3634	그렇지 않은데
3756 714	족하지 않다
3756~ 3761~	~하지도 못하고~하지도 못하다(neither~neither)
3768~ 3761~	~하지도 못하고~하지도 못하다

3777 A 3777 B C(동사)	A도 B도 C를 하지 못하다
3778 3588 2094	이 해
3779 3588 2596	따라서
3844 1438	스스로
3844 1438	자신들끼리
3844 240	(2인칭 복수) 서로에게
3844 3588 2281	바닷가
3844 3588 3041	호숫가
3844 3588 3598	길가
3844 3588 4228	발곁
3924 3056	말씀 없이
3956 3588 2250	항상
4012 3588 1766	제 구시(15시) 즈음에
4012 846	그 주변을(에)
4183 5550(복수)	많은 때
4253 4383	앞서
4314 1438(단수)	혼자서
4314 1438(복수)	서로, 자신들만
4314 240	서로
4314 3588 2307	뜻대로
4314 3761 1520 4487	한 선포된말씀에도
4314 846	(3인칭 복수) 그들끼리
473 3739	대신에, ~한 자이기에
5037 2532	(~과) 사이에, (곧) ~도 ~도
5550(복수) 2425	매우긴 기간
5613 3004	사람들이 말하는 것같이
5613 3752	때같이
5613 4396	선지자로서
5613 4572	자신같이
575 1438	스스로

575 1565 3588 2250		그 날부터
575 165		영원부터
575 1683		(1인칭 단수) 나스스로
575 3113		멀리서
575 3313		부분적으로
575 3391		하나로
575 3588 1417		둘 중에
575 3588 5610 1565		그 시간부터
575 509 2193 2736		위부터 아래까지
575 5119		그때부터
575 737		지금부터
575 746		처음부터
686 3767		그렇다면
846 3441		혼자
846 3588 2424		예수님 그분
891 2540		때까지(다음 때까지)
891 3588 1204		이제까지
891 3739 2250		날까지
976 5568		시편(찬양의책)

마침말

저는
'기독교인 99.9%가 지옥에 들어가며, 0.1%가 천국에 들어간다.'
고 믿는 사람입니다.

이렇게 믿는 이유는, 저의 독특한 구원관 때문입니다.

1,000명이 출석하는 교회에, 10% 이하가 거듭난다고 보며,
이 거듭남이 홍해를 건너는 출애굽으로 이해합니다.

100명의 거듭난 영혼 중에 90명이 광야에서 실족되며,
실족되지 않은 10명만이
'가나안 땅을 향해 요단강을 건너는'
구원을 얻게 됩니다.

문제는 가나안 땅에서 예수님의 도움으로,
가나안 족속을 몰아내는 영적싸움을 통해
가나안 땅을 확보했다 할지라도,
앗시리아 및 바빌로니아의 침략으로
다시 가나안 땅을 잃어버리는,
'구원상실'이 존재한다는 것입니다.

9명이 구원상실을 경험하고 오직 1명만이 '영생'에 들어갑니다.
'1,000명 중에 많으면 1명,
아주 적게는 100,000명 중에 1명이 천국에 들어간다.'고 하면,
아무도 믿지 못하겠지만, 이것이 저의 '구원관'이며,
이와 같은 구원관은,
제가 거쳐 온 신앙의 여정을 통해 제 자신에게 증명된 논제입니다.

1. 거듭남이 구원은 아닙니다.

성진교회를 다닐 때, 중3, 9월, ○○교회 부흥사경회 마지막 날!
성령님으로 거듭나게 되며, 눈물과 콧물의 죄 씻음이 시작됩니다.

영광교회를 다닐 때, 대학교 4학년 9월, 대학부실에서!
성령세례를 받아 2시간 동안 지은 죄가 환상 중에 지워지는,
눈물의 회개 및 방언과 예언의 은사가 임하게 됩니다.
몇 년의 세월이 흐르고, 신유와 축사의 은사를 받게 됩니다.

그리고 몇 년 뒤, 자가 통변의 은사를 받게 되며,
이 은사의 진위여부를 증명하는데 또다시 몇 년의 세월이 흘러갑니다.
최종적으로 저의 통변에 오차가 없다는 것을,
제 스스로의 입장에서 완벽하게 증명해 냅니다.

3년 전부터 토요예배 때마다, 눈을 감고 안대를 쓰고,
박경호 안대(통변예언영분별)기도를 7명에서 25명,
한 주도 빠짐없이 진행하고 있는데,
한 명도 오차가 없음을 객관적으로도 증명해 냈습니다.

2. 영분별의 은사로 천국/지옥을 진단합니다.

또한, 제가 영분별의 은사를 받게 됩니다.
그 정확한 시점이 기억나지는 않지만,
가끔 일산 만남교회를 방문할 때마다,
예배 후, 임경수 목사님이 저를 강대상으로 불러내어
안수기도를 해주셨었는데,
"요한일서 4장 1절"
'사랑하는 자들아 영을 다 믿지 말고
오직 영들이 하나님께 속하였나 분별하라
많은 거짓선지자가 세상에 나왔음이니라'라는 말씀이
임목사님의 통변기도 주 내용이었고,
거의 몇 년간 동일한 내용이었습니다.

분명한 것은,
영분별의 은사가 처음 발휘된 시점이, 만남교회를 출석하기 전이며,
영분별의 은사를 통하여,
만남교회 임경수 목사님이 진정한 하나님의 사람인 것과,
그리고 후에 함께 개척하게 되는 이경희 권사님이
하나님과 별로 관계없는 분이란 것을, 알게 되었다는 것입니다.

개척 이 후, 제 후배 김○○ 목사가 지옥에 있다는 사실,
한때 유명했던 정○목사가 우울증에 빠져 있다가
곧 죽어 지옥에 간다는 사실,
뿐만아니라 대부분의 큰 교회 목사들이나
미국 유명한 부흥사들이 거짓교사내지 거짓선지자라는 사실,
심지어 천국에 들어갔다고 모두가 믿는 많은 목사들이

지옥에 던져진 사실 등,
믿기지 않는 것들이 영분별의 은사를 통해 제게 계시되었습니다.

그 당시까지만해도,
저는 이런 통변의 은사나 영분별의 은사를
확실한 구원의 증거로 이해하였습니다.
그러나 방언, 예언, 어떠한 영적 체험, 음성, 입신 등 그 어떤 것도
구원의 증거가 아니란 사실을 나중에 깨닫게 됩니다.
성경에 예언내용이 네 번씩이나 기록될 정도로
완벽한 예언자 발람이 지옥에 들어간 것입니다.

거짓선지자는 거짓예언자를 의미하는 것이 아니라,
지옥에 들어가는 교사, 목사, 복음전파자, 선지자 및
사도를 지칭하는 것이며,
영분별의 은사는 천국과 지옥을 계시 받는 아주 특별한 은사입니다.

3. 구원도 영생은 아닙니다.

저 역시 만약 그때 죽었다면 분명 지옥에 들어갔을 것입니다.
다행스럽게도 하나님께서 직접적인 계시로 "만남교회로 가라!"는
동일한 명령을 제게 세 번 주시게 됩니다.

저는 그 명령에 순종하여 만남교회를 다니게 되었고,
2010년경, 저는 드디어 구원을 받게 됩니다.
구원받은 줄 알았던 제 확신은 모두 무너졌으며,

동시에 성경말씀을 통해,
홍해를 건넌 이스라엘 백성들 거의 대부분이
지옥에 들어갔다는 히브리서 말씀의 의미를
정확하게 깨닫게 됩니다.

믿음으로 의롭게 되는 것은,
실제로 믿음이 나를 의롭게 변화시켜
하나님께서 나를 의롭게 여기시는 것을 의미합니다.
하나님은 의롭지 않은 자를
의롭다고 여길 수 없으신 공의로운 분이신데,
율법을 사용하시다가
최종적으로는 믿음을 사용하시는 것입니다.

율법이라는 수단만으로
우리를 의롭게 변화시킬 수 없다는 것은 당연한 것입니다.
제 마음의 깊은 내면이 참된 믿음으로 변화를 받는
구원을 경험한 것은,
제 인생 최고의 선물이었습니다.

놀랍게도,
이스라엘의 3대절기가,
거듭남을 기념하는 '유월절'과
구원을 기념하는 '칠칠절'(오순절),
영생을 미리 맛보는 '성막절'(장막절, 초막절)로 해석되며,
많은 성경해석들이 저의 경험을 통해 재해석되었습니다.

4. 십계명을 어기면 지옥갑니다.

구원을 받은 이후, 잊을 수 없는 경험을 하였습니다.
2012년 12월 23일, 저녁 8시쯤 차안에서 기도하는데,
하나님께서 제 앞에 영으로 나타나셔서,
"네 발의 신을 벗어라!"라는
엄위하신 하나님의 음성을 들려주셨습니다.
저는 순간 그 의미를 깨달았는데,
제 모든 생각을 버리라는 뜻으로 받아들였습니다.

연속해서, 하나님은 5가지를 말씀하셨는데,
"그들을 받아들여라! 구제하라! 교회에 충성하라!
아버지를 끝까지 모셔라! 세계로 나가리라!"는 것입니다.
그리고 제 앞을 떠나가셨습니다.

그 당시, 아버지는 의사도 포기한 혼수상태셨는데,
성령님께서 저에게 "네가 고칠 수 있다."라고 말씀하셔서,
제가 기도하면서 치료하고, 78세에 수명이 10년 연장되어,
88세에 임종하시게 됩니다.

2013년 12월 28일 기도처에서 기도하는데,
예수님이 제게! "교회를 개척하라!"는 명령을 주셨습니다.

당황할 수밖에 없었던 것이,
그 당시는 신학도 하지 않았으며 그럴 마음이 1%도 없는 제게,
그런 명령은 상상조차 할 수 없는 것이었기 때문입니다.
순간, 제게 말씀하시는 분이 예수님이라는 확신에 이런 질문을 합니다.

"예수님! 제가 무엇을 전할까요?"
사실 이 질문을,
그 순간 누가 내 머리에 대사를 넣은 것이라고 생각한 것이,
제 입에서 너무나 자연스럽게 흘러나온 말이기 때문입니다.

"십계명을 어기면 지옥 간다고 전하라!"

충격, 또 충격! '십계명을 어기면 지옥 간다.'는 말은,
초등학교 2학년 때부터 40년이 지난 지금까지 교회를 빠진 경험이,
총 5~7번뿐인 제게 처음 접하진 말이기 때문입니다.

그러나 이미, 계명대로 살지 못하면 천국에 들어갈 수 없다는 내용이
성경에는 수없이 기록되어 있습니다.

"에베소서 5장 5절"
너희도 정녕 이것을 알거니와 음행하는 자나
더러운 자나 탐하는 자 곧 우상 숭배자는
다 그리스도와 하나님의 나라에서 기업을 얻지 못하리니

"고린도전서 6장 9~11절"
불의한 자가 하나님의 나라를 유업으로 받지 못할 줄을 알지 못하느냐
미혹을 받지 말라 음행하는 자나 우상 숭배하는 자나 간음하는 자나
탐색하는 자나 남색하는 자나 도적이나 탐욕을 부리는 자나
술 취하는 자나 모욕하는 자나 속여 빼앗는 자들은
하나님의 나라를 유업으로 받지 못하리라
너희 중에 이와 같은 자들이 있더니

주 예수 그리스도의 이름과 우리 하나님의 성령 안에서
씻음과 거룩함과 의롭다 하심을 받았느니라

"갈라디아서 5장 18~21절"
너희가 만일 성령의 인도하시는 바가 되면 율법 아래에 있지 아니하리라
육체의 일은 분명하니 곧 음행과 더러운 것과 호색과 우상 숭배와
주술과 원수 맺는 것과 분쟁과 시기와 분냄과 당 짓는 것과
분열함과 이단과 투기와 술 취함과 방탕함과 또 그와 같은 것들이라
전에 너희에게 경계한 것 같이 경계하노니 이런 일을 하는 자들은
하나님의 나라를 유업으로 받지 못할 것이요.

5. 예수님의 명령을 따라 교회를 개척합니다.

신기하게, 그런 충격 속에서 저도 모르게,
"예수님, 12명을 주옵소서!"

거듭난 이후, 33년 만에 구원을 받은 저로서는,
저 자신조차도 영생의 축복을 받을 수 있을지
확신을 갖지 못했기 때문에, 12명은 어마어마하게 큰 숫자였습니다.

2014년 첫 주,
성남 수진역 이경희 권사님 집에서 주일예배를 시작합니다.

그 당시 성도들은 저의 '중환자 사역' 20년 동안 남은 자들로서,
제 나름대로는 예수님께로 인도하려고 애쓴 영적인 환자들이었습니다.

당시 집을 교회당으로 내어준 이경희 권사님은,
37년을 하루도 빠짐없이 7시간씩 기도하시는 기도꾼이었습니다.

처음 저를 보자마자,
"목사님!"
"저 목사 아닌데요? ○○○인데요!"
"하나님께서 선생님보고 큰 목사라고 하셨어!"

그렇게 첫 만남으로 친분이 맺어졌고,
이후, 권사님께서 심근경색으로 2번이나 쓰러지셨을 때,
86세 연세에도 제 신유은사를 통해 몸이 회복되신 것입니다.

2014년 7월 제주도에서 올라오신 신은혜 성도님이 합류하였으며,
저는 8월쯤 신은혜 성도님과 이경희 권사님에게 목사로 불리워지며,
9월쯤 신은혜 성도님을 전도사로 부르게 됩니다.

2015년 사복음교회 인터넷교회가 부흥하기 시작하였으며,
2016년 신전도사님이 LH공사를 통해 얻은
하남시 전세집을 인터넷성도들이 모일 수 있는 교회당으로
사용할 수 있도록 헌신하심으로
교회로서의 본 모습이 갖추어지게 됩니다.

사복음교회 예배는
저의 통변기도와 영분별 안수기도를 받고자,
약 100명 정도의 목사님들이 다녀갈 정도로
하나님의 특별한 은혜가 임했습니다.

또한 토요예배는 창세기부터 에스더까지,
주일예배는 시편부터 말라기까지 전장을
KJV 영어성경을 텍스트로 사용하여 강해하고 있으며,
현재 열왕기하와 예레미야를 강해중입니다.

또한 인터넷 성경강해는,
2014년 첫 날부터 하루도 빠짐없이,
제가 번역한 박경호헬라어번역성경 마태복음 1절부터
요한계시록 마지막 절까지,
매일 한 절씩 강해설교를 해왔고, 현재 요한복음이 강해중입니다.

6. 성경에서 가장 중요한 책은 사복음서입니다.

제가 '거듭남'과 '구원'과 '영생'이라는
새로운 구원관을 갖게 된 것은,
사실 제 경험 때문만은 아닙니다.

1996년쯤,
히브리어를 공부하여 구약성경을 히브리어로 번역해야겠다는
마음을 먹고 있을 때, 아랍어를 공부하면,
히브리어가 훨씬 쉬워진다는 뜬소문을 듣고,
외국어통역대학원생에게 2년간 아랍어 가르침을 받아
성지순례 때 써먹었지만,
실상은 특별한 꿈으로 인도를 받게 됩니다.

히브리어공부를 시작하려고 할 때!
꿈에 하나님의 음성이 들려옵니다.

"경호야! 성경에서 가장 중요한 책이 무엇인지 아느냐?"

제가 잠시 침묵하고 있을 때!
저 멀리서 집채만한 글자가 시계반대방향으로 제게 다가오는데,
[음]이라고 쓰여있었습니다.

연속해서, [복]이라고 쓰여진 글자가,
연속해서 [태]라는 글자가,
마지막으로 [마]라는 글자가,
제 앞으로 둘러오다가 시계반대방향으로 원래 자리로 돌아갑니다.

그때서야 저는 그 글자가 [마태복음]이란 것을 인지하게 됩니다.

연속해서 똑같은 방식으로, [음] [복] [가] [마]
곧 [마가복음]이 제 눈앞을 지나갔으며,
같은 방식으로, [음] [복] [가] [누] 곧 [누가복음]이,
또다시, [음] [복] [한] [요], 곧 [요한복음]이 지나간 후,
더 이상 아무것도 지나가지 않다가! 또 음성이 들려옵니다!

"경호야! 이 책들을 요약한 책이 무엇인줄 아느냐?"
"저는 모릅니다!"

처음보다는 자신감이 생겼는지,
감히 하나님께 마음으로 대답했던 기억이 납니다.

잠시 후,
이제까지 보였던 집채만한 글자와 같은 크기와 문체로,
[서] [마] [로] 곧 [로마서]가 좌에서 우로 돌아 제자리로 가는 것이
제게 보여졌습니다.
그리고 또 다른 음성이 들려왔습니다.

"이 책을 한 문장으로 요약하면 무엇인줄 아느냐?"

모른다는 말도 나오지 않았으며,
도저히 답을 모르기에 저 스스로 힘들어하고 있을 때!

이번에는,
집채만한 글자는 보이지 않고, 아주 멀리서,
처음에 점 같은 작은 것이 정면으로
점점 제 눈앞에 아주 크게 가까이 다가와 멈추었습니다.

직사각형 대형 간판이었고,
글씨가 선명하게 새겨져 있었습니다!
문장이 새겨져 있을 것이라고 기대했는데, 문장은 아니고!
[갈라디아서 2:20]이라고 적혀 있었습니다.

갈급한 마음에 그 구절이 무엇인지 알고자 했으나,
하나님은 그 구절이 '복음'이라는 감동을 주시고서는
제게서 사라지셨습니다.

7. 그리스도가 내 안에 사는 것이 구원입니다.

다음 날, 성경을 찾아보지 않고,
'저거 내가 분명히 아는 건데!'
이 구절 저 구절 묵상하다가,
결국 포기하고 성경을 열고 깜짝 놀라게 되는데,
그 이유는, 당시 제가 갖고 있던 성경은, 문단마다 제목이 있었는데,
그 제목이 [복음의 요약]이라고 적혀 있었기 때문입니다.

"갈라디아서 2장 20절"
내가 그리스도와 함께 십자가에 못박혔나니.
그런즉 이제는 내가 사는 것이 아니요
오직 내 안에 그리스도께서 사시는 것이라
이제 내가 육체 가운데 사는 것은
나를 사랑하사 나를 위하여 자기 자신을 버리신
하나님의 아들을 믿는 믿음 안에서 사는 것이라

'그리스도가 내 안에 사는 것'이 복음이란 사실을 깨닫는 순간!
저의 총체적 신앙관이 달라지게 되었으며,
동시에 히브리어로 성경을 번역하려는 결심이 무너지고,
헬라어로 신약 '사복음서'와 '로마서'를 번역해야겠다는
새로운 결심이 생겼습니다.

2000년도에, 번역이 시작되었으며,
예상했던 대로 헬라어원어로 성경을 보니,
이제까지 잘못알고 믿은 거짓들이 드러나기 시작했습니다.

원어번역은 제 신앙을 송두리째 바꾸는 작업이었습니다.

3년 만에 사복음서와 로마서가 번역되지만,

번역을 할 때마다 내용수정이 이루어졌으며,

10번째 수정을 거쳐 2010년에 완성되었습니다.

놀랍게도 번역이 완성되는 해인

2010년은 제가 구원받은 해이기도 합니다.

하나님은 번역을 통해 제게 진리를 깨닫게 하셨으며,

그 진리를 통해 저를 구원하신 것입니다.

할렐루야!!!

8. KJV와 개역개정의 오번역을 정정한
박경호헬라어번역성경을 출판합니다.

2010년 완성본이 2016년부터 2020년까지,

[박경호헬라어번역성경]이란 타이틀로 출판되었는데,

처음부터 제 번역방식은

헬라어 한 단어를 한글 한 단어로 고정시켜,

마태복음부터 계시록까지 오직 한글 한 단어만을 사용하였지만,

헬라어 2-3단어가 한글 한 단어로 고정된 사례들을 많이 발견하였습니다.

이것은 번역에서 어쩔 수 없는 현상이지만,

2018년부터 오직 헬라어 한 단어를 한글 한단어로,

중첩현상이 없는 번역에 성공하게 됩니다.

마
침
말

이것이
[박경호헬라어번역성경 NEW 마태복음],
[박경호헬라어번역성경 NEW 누가복음],
[박경호헬라어번역성경 NEW 마가복음],
[박경호헬라어번역성경 NEW 요한복음],
[박경호헬라어번역성경 NEW 요한계시록],
[박경호헬라어번역성경 로마서]이며,
2021년부터 2022년 5월까지 출판이 완성된 것입니다.

사실, KJV와 개역개정은
원어 한 개에 한글 5~30개 단어로 번역하는 경우가
그 수를 헤아릴 수 없으며,
원어 2~7개가 한글 한 단어로 번역된 사례는 수천 개에 이릅니다.

그러므로 [박경호헬라어번역성경]만이
진정된 원어번역성경이란 타이틀을 붙일 수 있습니다.
이런 새로운 방식으로, 또 새로운 책이 출판될 예정인데,
[박경호히브리어번역성경 창세기]입니다.

2019년에 번역이 시작되었고, 완성을 코앞에 두어,
2022년 6월 전에 출판을 예상하고 있습니다.

놀라운 사실은 원어에 충실하면 충실할수록
그 내용을 이해하기가 쉬워진다는 것입니다.
하나님께서는 지식이 약한 어린이든 노인이든
누구나 성경을 이해하여 천국에 들어가도록,
원어를 아주 쉽게 쓰여지게 하셨습니다.

제가 번역한 모든 성경들은
마치 어린이 성경을 읽는 것과 같은 착각을 불러일으키는 반면,
반대로 개역개정이나 KJV의 경우,
50~70명이 참여하는 번역자들이
원어단어마다 자기가 사용하는 단어를 사용함으로써,
결국 성경자체를 이해하기 어려운 난해한 책으로 둔갑시킨 것과는
대조가 됩니다.

'박경호헬라어번역성경' 및 '박경호히브리어번역성경'은,
1:1 대응번역을 통하여
자동적으로 1:1 사전이 만들어지는데,
[박경호헬라어스트롱사전]과 [박경호히브리어스트롱사전]입니다.

이 사전만 있으면 원어를 전혀 모르는 분들도
아주 쉽게 원어성경을 번역할 수 있는 것입니다.

이제 앞으로
[박경호헬라어번역성경 사도행전],
[박경호헬라어번역성경 바울서신],
[박경호헬라어번역성경 공동서신]이 차례로 출판될 예정이며,
[박경호히브리어번역성경 출애굽기],
[박경호히브리어번역성경 레위기],
[박경호히브리어번역성경 민수기],
[박경호히브리어번역성경 신명기]
및 [박경호히브리어번역성경 역사서],
[박경호히브리어번역성경 시가서],
[박경호히브리어번역성경 선지서] 등이 순차적으로 출판될 예정입니다.

마침말

2000년에 시작된
[박경호 히브리어&헬라어 번역성경]이
2030년~2050년에 완성되는,
성경번역의 대작업의 결정판이
[박경호 히브리어&헬라어 번역성경(66)]으로
끝마쳐질 것입니다.

1:1 한글 대응으로,
헬라어 한 단어에
신약성경 전체를 관통하는 한글 한 단어를 선정하였기에,
[전무후무한 성경]이란 부제목을 달았습니다.

KJV 및 개역개정의 수 만개의 오번역이 수정된 이 책은,
분명 예수님의 작품입니다!

2022년 04월 20일

[사복음교회 담임목사]
[히브리어&헬라어 번역원 원장] 박경호

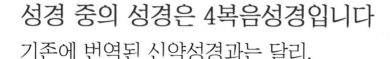

박경호헬라어번역성경

성경 중의 성경은 4복음성경입니다

기존에 번역된 신약성경과는 달리,

Ⅰ. 스테판(1550년) 사본을 번역하였으며,
원어를 100% 옮긴 오번역 제로 성경입니다.

Ⅱ. 모든 한글 및 영어 번역본은 헬라어 한 단어를,
여러 단어로 번역하지만, 원어를 한글 한 단어로
고정시키는 20년의 끈질긴 노력으로,
완전 직역에 성공한 전무 후무한 성경입니다.

Ⅲ. 어린이에게도 쉬운 성경이며, 연세가 많으신
분들이나 시력이 약한 분도 큰 글씨로 잘
보이는 선물용 성경입니다.

Ⅳ. 12장으로 나누고, 문장의 의미에 따라서
절을 만들고, 각장에 제목을 붙임으로,
이해하기 쉬운 새로운 성경입니다.

Ⅴ. 유튜브에 마태 / 누가 / 마가 / 요한 /
요한계시록 각 구절 강해를 진행하고 있는,
각 구절 강해 성경입니다.

대표번호 010-3090-8419

https://bethanyecclesia.blogspot.com/ ▾

로마서

개정판 1쇄 발행 2022년 05월 30일

역   자 박경호
펴낸이 유애영
펴낸곳 히브리어&헬라어 번역 출판사
디자인 주식회사 북모아
인쇄처 주식회사 북모아

출판등록번호   제2020-000143호
전   화   010-3090-8419
주   소   서울특별시 서초구 본마을길 55-1 지하 1층
팩   스   070-4090-8419

ISBN 979-11-972349-6-5

가격   120,000원